Dorothée Kreusch-Jacob · Keine Angst vor falschen Tönen

Dorothée Kreusch-Jacob

Keine Angst vor falschen Tönen

*Wie Kinder die Musik
und ihr Instrument entdecken*

Mit Fotos von Ursula Markus

Kösel

Von einem Teil der in diesem Buch erschienenen Beiträge erfolgte die Erstveröffentlichung in der Zeitschrift »spielen und lernen«.

ISBN 3-466-30348-6
© 1993 by Kösel-Verlag GmbH & Co., München
Printed in Germany. Alle Rechte vorbehalten
Druck und Bindung: Kösel, Kempten
Umschlag: Elisabeth Petersen, Glonn
Umschlagfoto: Ursula Markus, Zürich

1 2 3 4 5 6 · 98 97 96 95 94 93

Inhalt

Vorwort 7

Jedes Kind ist musikalisch 9

Klangraum Mutterleib 13

Rasselrolle und Knisterkissen:
Musikalische Spiele für die Allerkleinsten 17

Musik geht durch die Hände 19

Klänge aus der Küche 25

Den eigenen Ohren trauen 29

Die »Seelenohren« eines Kindes 32

Keine Angst vor falschen Tönen 35

Gelegenheit macht Lieder 38

Lieder für die Bettkante 40

Ein Liederpaket für unterwegs 43

Liederspielplatz Straße 45

Alle Jahre wieder 48

Denk-mal Mozart! 52

Instrumente zum Improvisieren – erste Spielversuche 59

Ernsthafter Wunsch oder Augenblickslaune? 63

Zwei, die sich suchen und finden 67

Fidel oder Akkordeon? 71

Welche Lehrerin, welcher Lehrer? 78

Noten müßte man können 83

Früh übt sich? 91

Üben heißt spielen 96

Üben, ein not-wendiges Übel? 99

Hilf mir, es selbst zu tun! 104

Die eigene Sprache tastend und spielend entdecken 110

Der »innere Lehrer« 113

Bewegungs-Phantasie statt technischer Drill 117

Üben mit Köpfchen 121

Viele Male »Noch einmal!« 126

»Ich spiel' mit meinem Stück« 129

»Ich mag nicht mehr!« 134

Knopf im Ohr? 138

Kleine und große Vorbilder 142

Klänge als heilende Kraft 145

Zwischen Lärm und Stille 149

Was hat Musik mit Muße zu tun? 154

Anhang

Bezugsadressen und Institutionen 158

Weitere Titel von Dorothée Kreusch-Jacob 159

Literatur- und Quellenverzeichnis 160

Vorwort

Ananlura, so heißt ein Lied. Es besteht nur aus diesem einen Wort. Das Lied wird bei einem Stamm der Feuerlandindianer gesungen. Wenn abends im Dorf die leise Melodie erklingt, wissen alle Indios, zu welchem Spiel sie gerufen werden. Einer nach dem andern tritt vor seine Hütte und singt leise mit. So wird allmählich aus dem Lockruf ein vielstimmiger Chor. Das Spiel beginnt! Ein einzelner Indianer tritt in die Mitte des Dorfplatzes. Die anderen folgen ihm. Eng aneinandergeschmiegt kauern sie sich hintereinander und halten sich umfaßt. Dann bewegen sie sich langsam vorwärts. Sie wiegen und neigen sich von einer Seite zur andern. *Ananlura –* »Ein Kanu schaukelt auf den Wellen« heißt das auf deutsch. Das lebendige Kanu aus Menschen bewegt sich im Rhythmus der Musik. Um den Rhythmus der Wellen hörbar zu machen, brauchen die Indianer nicht einmal ein Instrument. Sie spielen auf dem schönsten Instrument, das ihnen zur Verfügung steht – ihre eigene Stimme. Unendlich oft wird die kleine Melodie wiederholt. Und wer von den Umstehenden mitmachen will, kann es tun.

Frauen und Männer, Mädchen und Jungen, sie alle dürfen ins Kanu steigen und sich von den Wellen des Gesangs hin- und herschaukeln lassen.

Oft rufe ich mir jenes Spiel ins Gedächtnis zurück. Soll es wirklich nur ein ferner Traum sein? Kann nicht jeder, ob groß oder klein, ob musikalisch oder scheinbar »unbegabt«, Könner oder Naive in die Musik »einsteigen«, jeder auf seine Weise?

Spontane musikalische Begegnungen können jeden Augenblick stattfinden – auch im Zeitalter der Kopfhörer, der Lautsprechertürme und Musikcomputer. Allerdings sind sie nur möglich, wenn wir uns selbst nicht durch zu hohe Ansprüche und große Vorbilder angst machen lassen. Wer Kinder offen und neugierig, im Vertrauen auf ihre natürliche Begabung auf ihrem Weg zur Musik begleitet, wird viel Neues erleben. Da läßt sich sogar manches nachholen, was man selbst als Kind versäumte. Noch einmal von vorne anfangen? Warum nicht – Musik erleben als Spiel? *Ananlura!* – wir können viel von Kindern lernen.

Dorothée Kreusch-Jacob

Eine Sprache für alle

Ein Negerjunge fragte einmal seinen Vater:
»Sag mir, wie groß ist die Zahl aller Sprachen?
Ich möchte sie alle lernen,
damit mich die Menschen verstehn.«
Da sah der Vater hinauf zu den Sternen –
weil's Nacht war, waren viele tausend zu sehn.
»So viele gibt's?« fragte der Junge betrübt.
»Und eine dazu«, sprach der Vater leise,
nahm seine Trompete und blies eine Weise.
Seitdem hat der Junge Trompete geübt.

Hans Baumann

Jedes Kind ist musikalisch

Jakobs Liebe zur Musik ist heftig – und unüberhörbar. Löffel, Dosen und Deckel müssen beim Trommeln herhalten. Hört er Musik aus dem Radio, hüpft er und dreht sich. Er greift in die Tasten, wenn der ältere Bruder am Klavier sitzt und üben will.

Viele Eltern wissen, daß diese begeisterte Spielfreude eine wichtige Rolle in der musikalischen Entwicklung ihres Kindes spielt. Augenblicke des Zweifelns gibt es trotzdem. Dann taucht plötzlich die Frage auf: »Ist mein Kind eigentlich musikalisch?« Und was ist dann am besten zu tun?

Ich höre diese Frage in meiner Praxis als Musikpädagogin oft. Es ist eine Frage, die – vor allem, wenn es um kleinere Kinder geht – gar nicht gestellt werden sollte. Jedes Kind ist musikalisch. Die Anlagen dazu bringt es mit auf die Welt.

Musikalität ist zunächst nichts anderes als die Fähigkeit von Musik berührt zu werden, nichts anderes, als auf alles, was klingt zu reagieren. Jedes Kind ist offen und bereit, die Welt des Klanges in sich aufzunehmen und sich auf musikalische Weise auszudrücken.

Wie auf allen Gebieten seiner Entwicklung läuft der Weg, den es dabei einschlägt, über die Sinne. Spielerisch und voller Neugier erweitert es im Laufe der Zeit allmählich seine musikalischen Möglichkeiten.

Haben wir etwa nach spezieller »Begabung« gefragt, als unser Kind laufen, sprechen oder malen lernte? Mit wieviel Freude und Bewunderung wurde jeder Lernschritt begleitet! – Auch in der Musik gibt es eine musikalische Vor-Sprache, ähnlich den Kritzelbildern. Kritik und zu frühe gezielte Anleitung bringt manches Kind zum Verstummen.

Vor-Urteile

Während wir inzwischen akzeptieren, daß es beispielsweise beim Sprechenlernen sowie auf anderen Gebieten gewisse Entwicklungsverzögerungen geben kann, die unproblematisch sind und aufgeholt werden können, steht es um die Beurteilung von Musikalität beim Kind anders. Hier glauben viele, »unmusikalische« Kinder früh zu er-

kennen, und zwar aufgrund populärer, jedoch unsachlicher Kriterien. So muß zum Beispiel das musikalische Kind »früh«, »viel« und »richtig« singen. Dazu kommt eine gewisse Verklärung und Mystifizierung von Musik als Kunst. Demnach wird denn auch Musikalität als Be-gabung oder Begnadung gesehen, die einem Menschen geschenkt oder angeboren ist. Eine Festlegung, die etwa dem bekannten »Nabelschnur-Effekt« entspricht. Margaret Mead beobachtete in Neuguinea bei einem Eingeborenenstamm folgendes: »... ein Kind, bei dem bei der Geburt die Nabelschnur eng um den Hals geschlungen ist, gilt nach angeborenem und unbestreitbarem Recht als zum Maler bestimmt. Daran glaubt man so fest, daß wirklich nur ein auf diese Weise Geborener gute Bilder malen kann, während der Normalgeborene nie ein Künstler werden kann.« Was außerhalb gewohnter Normen fällt, hat es ganz offensichtlich schwer. »Unmusikalisch« – dieses Wort wirkt lähmend. Wie soll das kleine Kind, das unbekümmert singt, einsehen können, daß es »falsch« singt, solange Musikalität daran gemessen wird, wie gut oder korrekt eine vorgegebene Melodie reproduziert wird, der eigenen Entfaltung des musikalischen Ausdrucks jedoch wenig bis keine Aufmerksamkeit geschenkt wird. Solange »Musikalität« in den Augen vieler nur als das Hineinwachsen in eine bereits bestehende musikalische Umwelt gesehen wird, werden »unmusikalische« Kinder geradezu vorprogrammiert. Diese Form musikalischer Sozialisation ist alles andere als be-gabend. Sie schafft Außenseiter. »Brummer«, die nicht mitsingen dürfen. Ängstliche und verkrampfte Kinder, die weder ihren Ohren noch ihrer Stimme trauen. Außerdem wird es auch weiterhin Eltern und Lehrer geben, die, mit der Begründung, Musik sei ja doch nur eine Frage der Begabung, sich um die kümmern, die diese Sonderbegabung aufweisen. Diese Haltung steht jedoch im Gegensatz zum Recht eines jeden Kindes auf die Ausbildung seiner in ihm angelegten Fähigkeiten.

Kinder holen sich, was sie brauchen

Kinder, die ihrer musikalischen Neugier und ihrem Bedürfnis, eine eigene Ausdruckswelt zu entfalten, ungehindert nachgehen können, haben alle Chancen, das weiterzuentwickeln, was in ihnen bereits angelegt ist. Ähnlich wie beim Erlernen der Muttersprache holen sie sich das, was sie brauchen. Ganz gleich, ob in einer Familie, in der

11

Musik etwas Selbstverständliches ist, oder da, wo man sich musikalisch eher unsicher fühlt.

Es gibt viele Möglichkeiten. Sie reichen vom gemeinsamen Musikhören, Singen (auch wenn einer brummt), gemeinsamen Spiel (auch wenn's etwas schief klingt) bis zum Tanzen. Material, das klingt oder Geräusche von sich gibt, regt die musikalische Neugier Ihres Kindes an. Instrumente zum Ausprobieren sind ebenfalls wichtiges Spiel-Zeug. Aber irgendwann kommt jedoch dann der Zeitpunkt, an dem Ihrem Kind die häuslichen Möglichkeiten nicht mehr ausreichen. Vielleicht braucht es eine Gruppe, in der – dem Alter entsprechend und spielerisch – seine musikalischen Fähigkeiten zum Zuge kommen. Vielleicht möchte es ein Instrument lernen? Dann kann ein Musikpädagoge oder eine Musikpädagogin beraten. Er oder sie wird zunächst feststellen, wie weit die allgemeinen musikalischen Fähigkeiten Ihres Kindes entwickelt sind. Dafür gibt es einige Kriterien, die von einem gut entwickelten Gehör, über rhythmisches Empfinden bis zu körperlichen Voraussetzungen des Spielapparats gehen können. Jedoch auch hier gilt, daß das, was im allgemeinen als »Musikalität« bezeichnet wird, ein Bündel von unterschiedlichen Fähigkeiten ist. Diese sind zunächst noch nicht gleichmäßig entwickelt, sondern je nach Alter und Neigung. Ein guter Unterricht jedoch kann das mit der Zeit ausgleichen. Wichtig ist dabei, daß sich dieser ganzheitlich und individuell auf das Kind einläßt und einstellt. Daß ein Gleichgewicht besteht zwischen dem, was an Eigenem vom Kind kommt und dem, was es an vorgegebenen musikalischen Formen und Inhalten reproduzieren soll. Beides, das Nachmachen und Selbstgestalten, kann sich gegenseitig befruchten. In den Personen des Lehrers und der Eltern aber sollte das Kind Verbündete finden, die ihm die Freude an der Musik erhalten und auf seine ursprüngliche Musikalität vertrauen.

Wie wird man aber musikalisch? Liebes Kind? Die Hauptsache, ein scharfes Ohr, schnelle Auffassungsgabe, kommt, wie in allen Dingen, von oben. Aber es läßt sich die Anlage bilden und erhöhen. Du wirst es nicht dadurch, daß du dich einsiedlerisch tagelang absperrst und mechanische Studien treibst, sondern dadurch, daß du dich in lebendigem, vielseitigmusikalischem Verkehr erhältst.

Robert Schumann

Klangraum Mutterleib

Frühe musikalische Erfahrungen

Lauras musikalisches Interesse ist unverkennbar. Sie spielt mit den Fingern am Mund und trällert dazu, horcht auf jedes Geräusch, reagiert auf Musik mit dem ganzen Körper ... »Wann soll ich beginnen, Laura mit der Musik bekanntzumachen?«, fragt ihre Mutter. Eigentlich kommt diese Frage spät, obgleich Laura noch nicht einmal ein Jahr alt ist. – Denn Laura hat längst schon von sich aus Freundschaft geschlossen mit allem, was klingt. Ihre ersten Höreindrücke reichen bereits in die Zeit zurück, als sie noch im Bauch ihrer Mutter war. Deren stetiger Herzrhythmus, ihr Atmen und andere Körpergeräusche begleiteten sie Tag für Tag. Laute und durchdringende Geräusche ließen sie erschreckt zusammenfahren. Harmonische Klänge wirkten beruhigend. Sogar die Stimme der Mutter konnte sie erkennen. Heute weiß man, daß Embryos etwa ab der 27. Schwangerschaftswoche auf bestimmte Melodien, die die Mutter immer wieder singt, reagieren. Sie saugen am Daumen oder öffnen und schließen die Hände. Es gilt als sicher, daß das neugeborene Kind seine Mutter allein an der Stimme, die es im »Klangraum« Mutterleib so oft gehört hat, wiedererkennt.

Kein Wunder, daß es mittlerweile Krankenhäuser gibt, die sich diese Erkenntnisse zunutze machen. So gedeihen frühgeborene Babys besser, wenn sie die vertraute Stimme der Mutter oder ihren, auf Tonband aufgenommenen, Herzschlag hören. Eine Art von Hör-Nahrung, die die Trennung von der Mutter leichter überbrücken hilft und die kindlichen Hirnströme in Gang hält und anregt.

Welch wichtige Rolle der Hörsinn spielt, mag die Tatsache zeigen, daß, nach Ansicht verschiedener Neurologen, der Hirnstamm stärker in die Hörbahn eingeschaltet ist als in die Sehbahn. Gehörtes wirkt also wesentlich intensiver auf die körperliche und seelische Entwicklung des Kindes ein, als das, was es sieht. Um so mehr, als der Hirnstamm enge Verbindungen zum vegetativen Nervensystem besitzt. Außerdem steht der Hörsinn in enger Verbindung zum Thalamus, jener Ge-

hirnzone, die als Tor zum Bewußtsein gilt, sowie zum limbischen System, das emotionale Reize verarbeitet.

In manchen Gegenden in Südamerika scheinen die Mütter instinktiv an die Hörfähigkeit ihres ungeborenen Kindes zu glauben. Während der Schwangerschaft pflegen sie eine silberne Kugel bei sich zu tragen, die bei jeder Bewegung feine Töne von sich gibt. Diese Kugel wird immer wieder kreisend über dem Bauch bewegt. Ist das Baby schließlich auf der Welt, wird es diese Klänge wiedererkennen. Das Schütteln und Bewegen der Klangkugel wirkt ganz offensichtlich beruhigend und besänftigend.

In diesem Zusammenhang fällt mir ein alter Brauch der Zigeuner ein. Wenn ein alter Zigeunermusikant fühlte, daß er bald sterben würde, spielte er einer Frau in seiner Sippe, die ein Kind erwartete, täglich seine schönsten Lieder auf der Geige vor. Nach seinem Tod sollte das Kind sein Instrument bekommen und seine Musik weitertragen. So wurde in einem Volk, das keine Schriftzeichen für Sprache und Musik kannte, Musik weitergegeben.

Auch wenn manche These (noch) nicht bewiesen werden kann – zum Beispiel, daß Kinder überraschend schnell Musikstücke oder Sprachen lernen, mit denen sich die Mutter während der Schwangerschaft beschäftigt hat –, so steht doch fest, daß der musikalische Weg eines Kindes bereits vor der Geburt beginnt. Erste musikalische Grunderfahrungen werden im Gehirn festgehalten und gespeichert. Später kommt beim heranwachsenden Kind eine Fülle neuer Daten hinzu. Es entsteht ein dichtes Geflecht von Verknüpfungen zwischen Neuem und bereits Vertrautem. Alle diese Informationen werden schließlich spielend und lernend verarbeitet.

Hör-Erlebnisse sind für Babys auch Fühl-Erlebnisse. So nimmt das Kind während des Stillens gleichzeitig auch Laute der Zuwendung auf, die von der Mutter kommen. Meist eine Art Sprechgesang, zärtlich und lautmalend, oft auch Bruchteile von Liedern, die sich in den verschiedensten Ländern und Kulturen der Welt überraschend ähnlich sind. Eine Ur-Musik, mit der wir, tief im Unbewußten, zeitlebens ein Gefühl des Geborgenseins verbinden.

Auch die Wirkung von Schlafliedern, verbunden mit schaukelnden und wiegenden Bewegungen, verbindet sich mit frühesten Erfahrungen. Dazu kommen noch feine Vibrationen, die der Gesang auslöst. Sie wirken lösend und entspannend.

Wer kennt sie nicht, die musikalischen Spiele mit Krabbelkindern? In einer Entwicklungsphase, in der sich das Kind langsam aus der Einheit mit der Mutter löst, spielen bei der Eroberung neuer Umgebungen und Räume Rufe und Signale eine wichtige Rolle. Solche oft gesungenen Zwiegespräche bieten Sicherheit, signalisieren Verbundenheit und ermöglichen immer wieder Rückfragen.

Denken wir an den begrenzten »Klang-raum« des Mutterleibs und an die enge symbiotische Verbindung zur Mutter, so wird jetzt allmählich Resonanz in einem erweiterten Sinn möglich. »Re-sonare« bedeutet wörtlich »zurücktönen«. Die Welt wird zum Klangraum. Mit allen Sinnen reagiert das Kind auf das, was es hört und setzt schließlich selbst hörbare Zeichen. Es »tönt« zurück, antwortet durch Stimme, Sprache, Bewegung oder in Klängen. So entwickelt sich sein Weg zur Musik analog der eigenen menschlichen Entwicklung. Er führt zum eigenen Ich, zur eigenen Person. Und wieder steckt in diesem Begriff etwas, das mit der Welt der Klänge zu tun hat: »Per-sonare« heißt wörtlich »durchklingen«. Eltern, die sich solcher Zusammenhänge bewußt sind, spüren, wie sehr sie selbst an der musikalischen Lebensgeschichte ihres Kindes mitschreiben. Sich dabei nur auf Begabung oder gezielte, möglichst frühe fachliche Förderung zu berufen, wäre nicht genug. Wichtiger ist das Mitgehen, das positiv gestimmte Begleiten des Kindes auf seinem Weg.

Wer zwei gleichgestimmte Gitarren nebeneinanderlegt und die eine bespielt, wird entdecken, daß auch die andere mitklingt. Dieses Mitklingen und Mitschwingen der Saiten, die dem Gesetz der Resonanz gehorchen, läßt sich auch auf Eltern und Kinder übertragen. Ganz gleich, ob wir dabei unsere Kinder zum Singen und Spielen bringen oder umgekehrt. – Auch Erwachsene entdecken oft im musikalischen Spiel mit ihren Kindern längst Vergessenes und Verdecktes, ungeahnte Kostbarkeiten. Je früher wir dieses Spiel beginnen, desto besser für beide!

Wirklich musizierende Menschen sind kaum beunruhigt oder besorgt, ob ihr Kind wohl musikalisch wird.

Heinrich Jacoby

Rasselrolle und Knisterkissen: Musikalische Spiele für die Allerkleinsten

Klangspielzeug

Mit dem Ohr lernt das Kind die Sprache der Dinge kennen. Das Glöckchen, das die Hände zum Klingen bringen, die Spieluhr überm Bett, die kleine Rassel oder eine Klapper. Mit solchem Spielzeug, das nicht nur die Ohren, sondern auch Hände und Augen anspricht, können Kinder erste Erfahrungen mit Klängen sammeln.

Musikalisches Spielzeug läßt sich leicht selbermachen:
– Ein Schmusebär bekommt ein Glöckchen ans Ohr genäht.
– Ein Waschlappen wird in ein »Knisterkissen« verwandelt, indem man raschelnde Folie einnäht.
– Papprollen können mit rasselnden kleinen Dingen gefüllt werden: zum Schütteln (die kleinen), zum Rollen (die großen).
– Windspiele, überm Bettchen oder an der Decke des Kinderzimmers aufgehängt, erfreuen Augen und Ohren. Metallplättchen, Glöckchen, Metallröhren, aber auch Bambusstä-be oder Schildpattplättchen klingen schön.
– Viel Spaß machen Klangspiele zum Hinterherziehen. Dafür werden Metallringe, Glöckchen oder Holzstäbe an ein Holzauto gebunden.

Trampelfant und Hoppereiter

Spaß machen auch gemeinsame Bewegungsspiele. An Ihren Bauch geschmiegt oder huckepack auf Rücken oder Schultern getragen, spürt das Kind den Rhythmus der Musik. Zusammen mit einer weiteren Person kann es im »Handsitz« hin- und herschaukeln oder zur Musik in einem großen Tuch sanft gewiegt werden. Barfuß auf den nackten Füßen des großen Bruders oder sicher an den Händen gehalten, werden gar die ersten Tanzschrittchen gewagt!

Itzelpitzel

Kitzelverse, Handmärchen und Fingerspiele sind auf dem musikalischen

Weg Ihres Kindes wertvolles Spielmaterial. Auf die Haut getupft, gekitzelt oder gekrabbelt, schaffen sie Nähe, lösen Bewegung und Lachen aus. Mehr darüber im Kapitel über Fingerspiele auf den Seiten 19-24.

Sing mit mir!

Viele Eltern beginnen mit ihren kleinen Kindern wieder zu singen. Da tauchen nach langer Zeit auf einmal all die alten Verse, Kinderreime und Lieder auf, die man als Kind gehört und gesungen hat. Und oft genug bekommt sogar die Sprache selbst ein melodisches Gewand. Gesungene Frage- und Antwortspiele, »Guckguck«-Melodien zum Raten und Nachsingen …

Eltern, die mit ihren Kindern singen, öffnen nicht nur musikalische Wege, sondern fördern auch das spielerische Miteinander.

Musik geht durch die Hände

Hände, wenn wir vom Singen oder Blasen einmal absehen, so sind es unsere Hände, die Musik zum Klingen bringen können. Ganz gleich, ob sie zupfen, streichen, trommeln oder Tasten drücken (»tasten«). Erst Hände können ein Instrument zum »Singen« bringen, können Klänge zaubern, Träume hervorlocken. Sie können schlagen, weinen, stottern, schreien und streicheln.

Man kann Hände beim Musikmachen einer gnadenlosen Technik ausliefern, sie drillen wie zehn kleine Akrobaten. Man kann aus ihnen zehn kleine Soldaten machen, die alle einer höheren Kunst gehorchen. Man kann sogar zehn kleinen, verkrampften und ängstlichen Kinderfingern befehlen, »locker« zu sein. Auch feinfühlige Musikerzieher gehen oft wenig feinfühlend mit den kleinen Händen unse-

rer Kinder um. Lockerheit wie auch musikalischer Ausdruck kommen von innen. Hände sagen uns, wie es »innen« zugeht. Sie sind kalt, warm, naß vor Aufregung, verkrampft, knochig, weich oder locker. Sie sind zugleich aber auch Leitorgane nach innen. Ein Händedruck, Streicheln, Kitzeln verändern Gesicht und seelisches Wohlbefinden.

Auch in der kognitiven Entwicklung des Kindes spielen die Hände eine zentrale Rolle. Kein Geringerer als Immanuel Kant hat einmal gesagt: »Die Hände sind das äußere Gehirn des Menschen«. Mit den Händen begreifen und er-fassen Kinder die Welt und alle ihre vielfältigen Erscheinungen. Mit den Händen spielen kann also heißen – mit großem Ernst zu lernen.

Mit den Händen spielen

Gerade für die Kleinsten können Fingerspiele erste lustvolle Schritte in der musikalischen Entwicklung bedeuten. Schritte, die jede Mutter, jeder Vater mitgehen kann. Hier bieten sich viele Möglichkeiten, die Feinmotorik der Hände und Finger zu entwickeln, Geschicklichkeit, Körperbeherrschung und Konzentration »spielend« zu

üben. Am Ende steht das gemeinsame Lachen und der Wunsch »Noch einmal!« Solch positiver Lerneffekt wirkt sich auch auf das Gehirn aus. Denn die Bewegung der rechten Hand stimuliert die linke Gehirnhälfte, die der linken Hand die rechte Gehirnhälfte. Werden beide Hände beim Spielen gleichermaßen angeregt und aktiviert, hat dies auf das Zusammenspiel beider Hemisphären positive Wirkung. Ganzheitliches Lernen und eine harmonische Persönlichkeitsentwicklung werden dadurch unterstützt.

Fingerspiele sind jedoch auch Sprachspiele. Hier können Kinder Stimme und Sprache entdecken mit ihren reichen Ausdrucksmöglichkeiten. Angeregt durch Handbewegungen, getragen von Versrhythmus und Sprachmelodie prägen sich so spielerisch erste Sprachmuster ein. Und wo Kinder nicht mehr weiterwissen, »sprechen« die Hände mit, formen spontan bildhafte Vorstellungshilfen.

Verse, Reime und Liedchen, mit den Händen gespielt und mit Stimme und Sprache gestaltet, gehören seit jeher zum unentbehrlichen musikalischen Spielschatz in Familie und Kindergarten. Es lohnt sich also, nach praktischen Anregungen zu suchen – und selbst neue Spiele gemeinsam mit den eigenen Kindern zu entwickeln.

Krabbel-Spiele

»Da läuft ein Weglein …«: Kitzlige Kinkerlitzchen können zu hautnahen Entdeckungsreisen führen. Voller Spannung verfolgt das Kind den Weg von Floh und Maus, Schneck und Frosch auf seiner Haut. Warum sollten sich solche »Spür-Erlebnisse« mit der Hand nicht auch auf das Fell einer Trommel übertragen lassen?

Handmärchen

»Steigt ein Büblein auf den Baum …«: Auch kleine Geschichten lassen sich mit den Händen erzählen. Gereimte Handmärchen, bildhaft und von uralter Einfachheit sind dafür geeignet. Versrhythmus und Sprachmelodie bilden dabei den »roten Faden«, an dem sich das Kind entlangspielt. Und falls es nicht mehr weiterweiß? – Auch Ungereimtes und Neuerfundenes machen Spaß!

Fingerverse

»Fünf Gespenster hocken vor dem Fenster …«: Hier bekommen die einzelnen Finger Namen und spielen ihre »Rolle«. So kommen auf einfachste

und phantasievolle Art Aussehen und Eigenschaften der einzelnen Finger zum Ausdruck. Im wörtlichen Sinn kann sich schließlich das Kind erste einfache Versformen selbst er-»zählen«.

> Fünf Gespenster
> hocken vor dem Fenster.
> Das erste schreit: »Haaaaaa!«
> Das zweite heult: »Hoooooo!«
> Das dritte brummt: »Huuuuuu!«
> Das vierte lacht: »Hiiiiii!«
> Das fünfte schwebt zu dir herein
> und flüstert:
> »Woll'n wir Freunde sein?«
>
> *Dorothée Kreusch-Jacob*

Ein Er-»zähl«-chen für fünf Finger. Hier darf auch die Stimme mitspielen und in den unheimlichsten Geistertönen schreien, heulen, brummen, kichern. Und am Schluß wird dem Freund ins Ohr geflüstert.

Besonderen Spaß macht es, wenn sich die zehn kleinen Schauspieler mit ein paar Farbtupfern oder Stoffresten verwandeln und in einer (kleinen) Schachtelbühne oder im Fenster eines Briefumschlags ihr Hand-Theater spielen.

21

Klingende Handspielereien

»Zehn kleine Zappelmänner ...«: In gesungenen Fingerspielen kommt ein ganz besonderer poetischer und spielerischer Reiz zum Vorschein. Sprache, Bewegung und Gesang wirken hier zusammen. Diese kleinen Liedchen eignen sich zudem für mehrere Kinder zum Singen und Spielen.

Zwei kleine Krabbelhände

Text: Nortrud Boge-Erli
Melodie: Dorothée Kreusch-Jacob

Zwei klei - ne Krab - bel - hän - de krab - beln ü - ber Land

zwei klei - ne Krab - bel - hän - de ma - chen sich be - kannt.

Zwei kleine Krabbelhände denken sich was aus.
Zwei kleine Krabbelhände bau'n ein Fingerhaus.

Alles, was es in diesem Lied zu spielen gibt, steht bereits im Text. Wenn sich zwei Kinder gegenübersitzen, wird es ihnen ein leichtes sein, Hände und Stimme gleichzeitig »zur Sprache« kommen zu lassen.

Spaß machen auch andere Lieder, die mit den Händen musikalisch begleitet werden können: durch Patschen, Klatschen oder Fingerschnipsen. Z.B. können Fingerhandschuhe mit aufgenähten Glöckchen und andere Hand-Instrumente einem Lied Farbe geben. Wer mag, kann auch ein Glöckchen (oder eine kleine Rassel) von Hand zu Hand gehen lassen (»Glöckchen, Glöckchen, du mußt wandern ...«) oder auf weichen Katzenpfoten über die Tasten eines Klaviers schleichen.

Mit spitzen Fingern läßt es sich wie ein Vogel auf den Plättchen eines Glockenspiels hüpfen und tanzen. Und auf den Saiten einer Gitarre zaubern kleine Hände eine zarte Wassermusik. – Lustig ist es auch, sich die Augen zu einem Horch- und Tastspiel verbinden zu lassen: »Rate, rate, was ist das ...« Spiele wie diese können Sensibilität bis in die Fingerspitzen wecken. Und dieses Ge-»spür«, dieses Ge-»fühl« werden Kinder später beim Musizieren dringend brauchen.

Klänge aus der Küche

Manche musikalische »Kinderstube« beginnt in der Küche. Dabei denke ich nicht an den Opernkomponisten Rossini, der ein verwöhnter Feinschmecker und guter Koch war. Ich denke an die vielen Menschen, die bereits als Kinder in der Küche und in der Badewanne ihre Liebe zur Musik entdeckt haben.

Auch ich habe als Kind gerne und viel in der Küche gesungen. Daß ich dabei immer die Fenster weit aufmachte, hatte seinen besonderen Grund. Meine Großmutter, eine begeisterte Küchensängerin, der es, weiß Gott, nicht auf richtige Töne ankam, erzählte mir einmal ein Märchen: Es handelte von einem Prinzen, der sich ein Mädchen suchte, um es zu heiraten. Natürlich fand er keines weit und breit. Denn als Prinz war er ziemlich anspruchsvoll. Schließlich ließ er den Kopf hängen und wollte schon aufgeben, da gab ihm ein alter, weiser Mann den Rat: »Gehe durch die Straßen der Stadt. Wenn du ein Mädchen triffst, das bei der Arbeit singt, dann heirate sie. Sie ist die Richtige.«

Inzwischen weiß ich, daß der Prinz nicht durch unsere Straße gekommen ist. Ich bin erwachsen geworden – und mache die Küchenfenster beim Singen zu. Es gab auch eine Zeit, da hatte ich nichts mit Singen im Sinn. Kochen, Aufräumen und Saubermachen in der Küche wollte ich möglichst rasch hinter mich bringen. – Aber mit meinen Kindern änderte sich das. Nichts ging mehr so schnell wie gewohnt. Kinder wollen überall dabeisein, auch in der Küche: auf dem Fußboden, auf dem Tisch neben der Rührschüssel. Sie wollen riechen, schmecken, anfassen, hören, sehen. Gierig nach Neuem sind diese kleinen Hände, wenn sie in die nassen, schmutzigen Kartoffelschalen greifen, wenn sie einem Mehlberg auf den Grund gehen oder die kullernden Haselnüsse einfangen. Aufregendes gibt es für den Mund zu probieren und zu kosten. Süßes, Salziges, Saures, Bitteres, Rohes, Gekochtes, Hartes und Weiches, Warmes und Kaltes … Und diese Ohren! – Sie hören noch alles, was ich selbst längst »überhöre«. Unbeweglich können Kinder einem

Wassertropfen zuhorchen, der ins Spülbecken fällt. Sie hören das leise Brodeln in den Töpfen und laufen vor dem Zischen in der Pfanne davon. Diese Ohren freuen sich am lauten Krach all der klingenden Dinge, die es in den Schubladen zu entdecken gibt. Auf dem Fußboden probieren sie ihr erstes Küchenkonzert mit Deckeln, Löffeln, Dosen und Töpfen.

Küchenschubladen sind voller Schätze zum Spielen und Horchen. Der Eierschneider klingt wie eine Mini-Harfe, wenn man ihn mit einem Zahnstocher bespielt. Das halbe Tee-Ei wird zum Glöckchen, Teelöffel klingen wie Kastagnetten, Erbsen rollen rasselnd in einem Topf herum – und schließlich wird auch noch der Schneebesen zu einem Musikant!

Die wandernde Kartoffel

Text und Melodie:
Dorothée Kreusch-Jacob

Ich hei - ße Chri - stof - fel und
mei - ne Kar - tof - fel muß wan - dern; muß
wan - dern von ei - nem zum an - dern.

Ich heiße Christoffel
und meine Kartoffel
muß reisen,
muß reisen,
wer wird sie verspeisen?

Ein Lied zum Singen, Fühlen, Schmecken, Riechen. Schön fühlt es sich an, wenn eine warme Kartoffel von Hand zu Hand wandert. Ist sie heiß, wird's allerdings eine schnelle Reise! – Wer am Ende des Spiellieds die Kartoffel in der Hand hat, darf sie mit Butter und Salz verspeisen. Während dessen wird weitergespielt, bis der Kartoffeltopf leer ist.

27

Wenn ich ein Kuchen wär
und selbst versuchen könnt,
wie ich mir schmeck.
Streich ich noch Sahne drauf,
eß mich dann selber auf.
Schon bin ich weg!

(Zur Melodie »Wenn ich ein
Vöglein wär«)

Dorothée Kreusch-Jacob

Mit Liedern kochen –
Mit Musik backen

Beim »Helfen« sitzen Kinder am liebsten gleich auf dem Tisch. Hier läßt es sich genußvoll mit Zucker in eine Schüssel rieseln. Salatblätter schwimmen in der großen Schüssel, und der Zeigefinger spielt »Schiffe versenken«. Ebenso versunken purzelt da manche kleine Melodie heraus. Summen und Singen, Trällern und Brummen ... Wer singt da nicht ganz von selber mit? Natürlich sind das alles keine »richtigen« Lieder. Fast nichts stimmt. Es klingt, wie wenn zwei singen und gar nicht wissen, was sie da singen, auf was sie musikalisch eigentlich hinauswollen. Aber auf irgendeine geheimnisvolle Weise klingt es doch schön.

Und ganz unversehens fallen einem an solchen Küchentagen die alten Verse und Kinderlieder ein, die man selbst als Kind so oft gehört, gesungen und bis zum Umfallen geleiert hat. Ich erinnere mich an musikalische Spiele, die ich gerne mit jedem meiner Kinder gespielt habe. Aus einem bekannten Lied singe ich nur einen Satz oder eine kleine Erkennungsmelodie. Wird das Kind weitersingen? – Oder ich werfe ihm eine Melodie wie einen Ball zu. Wird sie zu mir zurückkommen? – Dann wieder lasse ich ein Wort aus oder ich vergesse den Schlußton – und die Antwort erklingt hinter einem Vorhang oder aus dem Besenschrank. Musikalisches Versteckspiel. Echo-Singspiele, laut und leise, die ersten kleinen Kanons von Zimmer zu Zimmer gesungen, Tierstimmenkonzerte und gesungene Erzählungen.

»Backe, backe, Kuchen ...« Manche Eltern trauern ihren Küchenkindern nach, wenn sie in Kindergarten oder Schule ausgeflogen sind. Es geht zwar wieder alles schneller, aber die Kartoffeln müssen nun ohne Lieder gekocht und der Kuchen ohne Begleitmusik »gehl« werden. Ganzheitliche Musikerziehung – warum sollte sie erst in der Musikschule stattfinden?

Den eigenen Ohren trauen

»Horch mal, die Trommel spielt lauter schwarze Tupfen!« – Jenny hört Musik. Sie ist »ganz Ohr«. Und was sie über ihr Hörerlebnis erzählt, zeigt, daß sie bereits sehr genau hinhört. Sie erkennt nicht nur das Instrument, sie nimmt auch wahr, wie und was es spielt. Die »dicken, schwarzen Tupfen« sind nichts anderes als kräftig gespielte, tiefe und kurze Töne. Jenny nimmt also Tonstärke, Tondauer und Klangfarben wahr.

Nicht alle Kinder teilen uns mit, was sie hören. Oft merken wir Erwachsenen gar nicht, wie genau sie mit ihrem Ohr die Welt der Klänge, Töne und Geräusche in sich aufnehmen. Da ist zunächst eine Vielzahl von ganz alltäglichen Geräuschen, an denen sich ein Kind mit dem Ohr orientiert. Da ist die Sprache, die es allein vom Ohr her lernt. Es greift Worte und Silben, ja die Sprachmelodie ganzer Sätze auf, ahmt sie nach und spielt mit ihnen. Das eigene Ohr ist sein erster Lehrer.

»Ja, aber …« Aurels Mutter ist eher skeptisch. Sie beobachtet, wie intensiv ihr kleiner Sohn auf Musik reagiert. »… und doch scheint er kein musikalisches Ohr zu haben.« – Ist das so sicher? Aurel kann auf Anhieb sagen, welcher Autotyp auf der Straße vorbeifährt. Das erkennt er allein am Motorengeräusch. Mühelos kann er Richtung und Entfernung eines Geräusches abschätzen. Vertraute Personen braucht er erst gar nicht zu sehen. Er erkennt sie allein am Tonfall oder am Schritt. Und spricht jemand mit ihm am Telefon, so kann er heraushören, ob dieser Jemand verärgert, gelangweilt oder gutgelaunt ist.

Angesichts der akustischen Feinheiten, die Aurels Ohren (und die jedes Kindes) wahrnehmen, wirkt der Raster, nach dem ein musikalischer (konventioneller) Hörtest erfolgt, geradezu grob. Tonschritte von einem halben, ganzen oder mehreren Tönen oder die Unterscheidung zwischen Dur und Moll dürften solchen Kinderohren eigentlich leichtfallen.

Gibt es nun aber zweierlei Ohren? Ohren fürs »Grobe« und Ohren fürs »Feine«, etwa für die Musik? Kinderohren, das wissen wir genau, unterscheiden hier grundsätzlich nicht. Schon eher wir Erwachsenen. Lernt unser Kind

laufen oder sprechen, so nehmen wir das als selbstverständlich, weil lebensnotwendig. Macht es aber die ersten Schritte in seiner musikalischen Entwicklung, so fällt es uns angesichts des »Besonderen« schwer, an seine natürlichen Fortschritte zu glauben. Um jedoch den eigenen Ohren »zu trauen«, muß ein Kind dem eigenen Hörsinn vertrauen lernen. Dieses Vertrauen kann nur von sich aus wachsen. Khalil Gibran sagte einmal: »Der Musiker mag euch vorspielen – er kann euch jedoch nicht das Ohr schenken.«

»Ja, aber …« Aurels Mutter ist immer noch unsicher. Und sie spricht das aus, was viele andere Eltern ebenso empfinden: »Wie kann er ein musikalisches Ohr haben, wo er doch so falsch singt?« – Auch das beweist noch nichts. Denn Aurel muß, wie jedes Kind, erst langsam lernen, das, was er hört, auch mit der Stimme wiederzugeben. Ein komplizierter Vorgang, der, wie vieles andere in seiner Entwicklung, von Stottern, Stolpern, Stammeln und spielerischem Ausprobieren begleitet ist. Verfrühtes Aufmerksam-machen oder gar Kritik würden stören und entmutigen. Zudem würde sich das Ohr schnell an eine Orientierung von außen gewöhnen. Warum sollte auch Aurel das eigene Ohr als Lehrer bemühen, wenn bereits andere diese Rolle übernommen haben und darüber befinden, was denn nun falsch oder richtig sei.

Ein sicherer Weg zu einem guten Gehör führt immer über das eigene Interesse. Hier kann durch gemeinsames Spiel die Freude am Hören noch vertieft werden.

Hörerlebnisse bieten sich überall: im Wald, auf der Wiese, am Wasser, auf der Baustelle. Auch Horchrätsel mit geschlossenen Augen machen Spaß: »Ich höre was, was du nicht siehst«. Oder vielleicht versuchen Sie einmal gemeinsam zu malen, während Sie Musik hören?

Ein Erlebnis ganz anderer Art bringt die *Stille*. Wie sollen Kinder horchen und lauschen können, wenn sie von einer lärmenden Umwelt oder unkontrollierter Musikberieselung überflutet werden? Augen kann man schließen, wenn's zuviel wird, die Ohren nicht. Kinder helfen sich, indem sie einfach nicht mehr hinhören. Den »Knopf im Ohr« – oder »ganz Ohr« zu sein – das ist sicher nicht eine Frage der Begabung.

Die Bildung des Gehörs ist das Wichtigste. Bemühe Dich frühzeitig, Tonart und Ton zu erkennen. Die Glocke, die Fensterscheibe, der Kuckuck – forsche nach, welche Töne sie angeben.

Rubert Schumann

Eine Kapelle von den Marinekasernen nahe unserem Haus … drang täglich in mein Kinderzimmer, und dieser Klang, besonders der Tuba und der Piccoloflöten und Trommeln, war die Lust meiner Kindheit … Die Geräusche der Wagen und Pferde, die Rufe und das Peitschenknallen der Kutscher müssen meine frühesten Träume durchwoben haben, auf jeden Fall sind sie meine frühesten Erinnerungen aus der Kindheit.

Igor Strawinsky

Die »Seelenohren« eines Kindes

Musik mit allen Sinnen hören und erleben

Es war in einem Kinderkonzert. Neben mir saß ein Vater mit seinem kleinen Knirps auf dem Schoß. An einer bestimmten Stelle des Stückes begann die Flöte mit einer tänzerischen Melodie, in die schließlich alle anderen Instrumente des Orchesters mit einstimmten. Im gleichen Augenblick rutschte der Kleine vom Schoß seines Vaters und begann im schmalen Gang zwischen den Stuhlreihen zu tanzen.

Er konnte nicht mehr länger dasitzen und unbeweglich horchen, wie die vielen kleinen und großen Zuhörer im Saal. Das, was er hörte, bewegte ihn. Es war in seinem Gesicht zu lesen. Sein Körper drückte es aus und seine Bewegungen verrieten es. Selbstvergessen drehte sich das Kind im Kreis. In diesem Augenblick war ihm die Musik begegnet.

Man stelle sich diese Szene einmal in einem Erwachsenen-Konzert vor! Wahrscheinlich würde der kleine Knirps nicht bei allen Zuhörern ein verstehendes Lächeln auslösen. Haben wir Erwachsenen nicht längst gelernt, mit dem Kopf zu hören? Begegnungen mit der Musik behalten wir für uns. Kaum jemand bemerkt, ob das, was wir hören uns er»greift« – oder kalt läßt. Im Laufe der Jahre haben wir uns daran gewöhnt. Aber es gibt Augenblicke, da erinnere ich mich an Erlebnisse, die mich als Kind beim Musikhören überfallen haben. Ich wünsche mir die »Seelenohren« eines Kindes, möchte bei einem Musikstück mitsingen, mit den Füßen wippen oder tanzen. Ich möchte weinen und lachen – wie damals.

Das Kind in der Sofaecke weint. Eigentlich weiß es gar nicht, ob es nicht doch lacht. Aber Tränen laufen über sein Gesicht. Der Familienbesuch ist fort. Ganz still ist es in der Wohnung. Eben wurde noch so schön gesungen! – Diese Lieder von der Mühle im Wiesengrund, vom Jäger und den Hasen, von Liebe, Tod und Nachtigallen gehen zu Herzen. Das Kind hat so ein »seltsames Gefühl im Bauch«: Heimweh – ein anderes Wort für dieses Gefühl findet es nicht.

Heimweh – vielleicht nach dem, was Menschen gelebt und gefühlt haben,

lange bevor das Kind anfing zu leben? Gefühle von Glück und Trauer, Zorn, Übermut, Zärtlichkeit, Verzweiflung, Tod und Liebe … Uraltes und Noch-nicht-Gelebtes! Das, was die Lieder ausdrückten, traf mich damals in meiner Mitte, im Bauch. Ich wußte nicht, sollte ich weinen oder lachen.

Solche »seltsamen« Gefühle werden in späteren Jahren klarer empfunden. Wir spüren während einer Musik, daß da in uns ganz bestimmte Saiten zum Schwingen kommen. Plötzlich rufen Klänge bestimmte Erlebnisse oder alte Erinnerungen in uns zurück. Und nun erleben wir sie noch einmal, auf eine andere Weise. Vielleicht erkennt nun der Glückliche, was ihn glücklich macht – und er kann sich die Hochstimmung von der Seele tanzen. Ein Trauriger erlebt seinen Schmerz noch einmal. Er weint.

Begegnungen mit der Musik können aber auch etwas aufwühlen, was bisher verborgen war. Träume werden wach. Und manches Gefühl taucht in uns auf, von dem wir nicht ahnten, daß es zu uns gehört.

33

»Mach die Tür zu! Ich bin die Königin und tanze!«, ruft Carolin. Sie hat den Strohblumenkranz von der Wand genommen und aufgesetzt. Dann drückt sie auf die Taste des Radios. Zu lauter, rhythmischer Musik dreht sie sich, wirbelt herum, hüpft und springt. Ihre Backen glühen. Alles, was sie im Moment braucht, ist eine Musik, die ihrer Lust zu tanzen, ihrer Bewegungsfreude entgegenkommt.

Ich mache die Tür zu – und bin draußen. Das ist ganz allein Carolins Begegnung mit der Musik. Vor der Tür bleibe ich noch einen Moment stehen und horche nach drinnen. Diese Musik habe ich heute doch schon einmal gehört! Beim Einkaufen im Supermarkt. Zwischen Eiern und Gewürzgurken. Musik ist immer dabei. Jeder kann sie haben. Ob da noch einer hinhört? Musik bis zum Überdruß. Für jeden. Für keinen. Und doch – tanzt nicht hinter der Tür eine Strohblumenkönigin dazu?

Ich denke zurück an meine eigene Kindheit. Die Stimme der Großmutter klingt mir bis heute in den Ohren. »Spiel was Richtiges!« Das hieß in ihrer Sprache: etwas Schönes. Und schöne Musik war von Mozart oder Schumann. Manchmal aber verirrte sich doch ein frecher Schlager über das Balkongeländer der Nachbarn zu uns. »Oh, mein Papa, war eine wunderbare Mann …« Ein eigenes Radio hatten wir damals noch nicht. Und mein Papa war tot, solange ich denken konnte. Er hatte mir aber ein Klavier hinterlassen. Groß und dunkel stand es in der Wohnzimmerecke. Ihm konnte ich alles sagen. Alles? – »Katzenmusik« höre ich die Großmutter sagen, wenn ich in Clownsklamotten und schräger Stimme das schöne Menuett von Mozart verjazzte. Einfach so, weil mir manchmal die ernste Musik zu ernst war – und weil meine »Seelenohren« noch etwas anderes als Ernst heraushörten.

Welche Begegnungen Carolin wohl noch mit der Musik in ihrem Leben haben wird? Ich hoffe, wir finden gemeinsam den Weg, der zwischen meinen und ihren Vorstellungen liegt. Dann nur wird sie sich das holen können, was sie braucht.

»Nicht das Auge sieht, sondern der Mensch sieht.
Nicht das Ohr hört, sondern der Mensch hört.«

Hugo Kükelhaus

Keine Angst vor falschen Tönen

Eltern singen mit ihren Kindern

Neulich rief mich eine Mutter an. »Tim ist zwei Jahre. Er singt gern – und scheint überhaupt sehr musikalisch zu sein. Ich selbst bin – leider – un-musikalisch und kann gar nicht singen. Stören meine falschen Töne die musikalische Entwicklung meines Kindes?«
Zweifellos steht im Hintergrund dieser Frage der Gedanke, daß »ein gutes Beispiel« die Anlagen unseres Kindes fördern kann. Reine und richtige Töne schulen bereits früh das Gehör. Stimmt! – Und doch stimmt an diesem Gedanken nicht alles. Denn was käme dabei heraus, wenn diese Mutter – aus Angst vor falschen Tönen – tatsächlich nicht mehr mit Tim zu singen wagte?
Tim würde vieles fehlen. Wie soll er denn die Sprache der Musik kennenlernen, wenn seine Mutter es sich nicht zutraut, in dieser Sprache mit ihm zu reden? Undenkbar, daß ein Kind so ohne Schwierigkeiten die eigene Muttersprache erlernen könnte!
Ich erinnere mich noch genau an meine Großmutter. Sie war eine völlig unbekümmerte Sängerin, bezeichnete sich selbst als ganz und gar unmusikalisch. Das mußte auch jedem Zuhörer so erscheinen. Kein einziges Lied konnte sie auch nur annähernd so wiedergeben, wie es etwa im Liederbuch abgedruckt war. Und doch – sie sang! In der Küche, im Garten, beim Zwiebelschneiden und Haarewaschen. Allen Ärger, alle Freude – und das Neueste vom Tage – packte sie in ihre Melodien und frei erfundenen Texte. Wenn sie sang, übte das auf mich eine seltsam beruhigende Wirkung aus. Die Welt um mich herum war »in Ordnung«. – Und mein musikalisches Gehör ist keineswegs durch dieses wunderbar »schlechte« Beispiel beeinträchtigt worden.
Zurück blieb dafür das Erlebnis, daß sich die Seele durch Singen Luft machen kann. Daß sich Eindrücke, ganz gleich welcher Art, in Musik ausdrücken lassen.
Erst viele Jahre später ist diese frühe Erinnerung wieder aufgetaucht. Ich hatte inzwischen selbst Kinder. Eines Tages bemerkte ich den feinen Unterschied zwischen meinem Singen und

dem der Kinder. – Gewiß, bei mir stimmten alle Töne. Aber war ich es nicht allzu gewohnt, vor-zusingen? Ist nur ein »richtig« gesungenes Lied schön, oder gibt es beim Singen mit Kindern noch andere Maßstäbe?

Als mein kleiner Sohn schwimmen lernte, bestanden die ersten Übungen nur darin, sich aufs Wasser zu legen und darauf zu vertrauen, daß es trägt. Ähnlich verhält es sich mit unserer Stimme. Sie trägt uns, vorausgesetzt, wir lassen es geschehen. Kein »Machen«, kein Forcieren, kein gewolltes Produzieren von Tönen also! Wer seinem eigenen Instrument »Stimme« Vertrauen entgegenbringt, wird entdecken, daß es ganz von allein anspricht. Kein Kraftaufwand ist dazu notwendig. Ein entspanntes Summen, ein tastendes Probieren genügt bereits. Es führt von selbst zu weiteren Entdeckungen.

Kindern sind elementare Erlebnisse mit der Stimme vertraut. Wer genau beobachtet, merkt, daß ein noch nicht ver-bildetes Kind oft schon innerlich »singt« und schwingt, ehe der erste Ton zu hören ist. Sein Singen kommt aus der Stille. Von innen. Was es dann an Tönen vor sich hinträllert oder summt, ist niemals mit der Bezeichnung »Lied« begrifflich zu fassen. Es ist mehr. Ein Sich-Spüren, ein Mit-sich-im-Einklang-Sein.

Alles, was dieses von innen kommende, ursprüngliche Singen beeinflussen will, etwa frühes Erlernen von fertigen Liedformen, wird in die natürlichen Anlagen des Kindes eingreifen. Was pädagogisch gut gemeint ist, kann das Urvertrauen in die eigene Stimme stören, die musikalische Lust am Entdecken einschränken.

Kinder singen nicht nur anders, sie hören auch das Singen ihrer Eltern mit anderen Ohren. Und diese Ohren nehmen nicht allein Melodiefolgen, Tonhöhen und Rhythmus wahr. Sie reagieren vielmehr auf das, was wir mit unserem Singen »sagen« wollen. Sei es die Geschichte, die wir singend erzählen oder unsere eigene Verbundenheit mit der Musik, die sich etwa in der Lust am Singen äußert. Unbestechlich spüren sie jedes »Zuviel« an Bemühung und jedes »Zuwenig« an innerer Anteilnahme. Sie hören die richtigen Untertöne heraus, wenn unsere Lieder nicht stimmen. Wer kennt nicht den Augenblick, wo unser Kind das gutgemeinte Schlaflied durchschaut und dahinter unsere innere Angespanntheit und Nervosität entdeckt? Es schläft partout nicht ein. – Andererseits spürt es in einem anderen Lied unsere Bereitschaft heraus, durch gemeinsames Singen Wärme und Nähe zu schaffen.

Wer wollte, angesichts solch kindlicher Hellhörigkeit, nach »richtigen« Tönen und »gutem« Beispiel fragen! Was Lieder in ihrer Originalform angeht, so werden sich diese dem Kind im Lauf der Zeit sowieso einprägen. Die Freude am Singen hat sein Ohr geöffnet für das, was es schließlich im Kindergarten, in der Musikschule – oder per Kassette an musikalischen Anregungen erreicht. Tims Mutter habe ich jedenfalls den Rat gegeben, ohne Angst vor falschen Tönen mit ihrem Kind zu singen. Am besten gelingt das, wenn wir statt auf die eigene Stimme auf die des Kindes hören – und dabei sehen und erleben, wieviel Freude unbekümmertes, spontanes Singen in uns auslösen kann.

Das Urelement der Instrumentalmusik sind selbstverständlich alle Klänge der Natur, angefangen beim Gesang der Vögel, dem Rauschen des Waldes, dem Murmeln eines Baches ... bis zum Brausen des stürmischen Meeres, dem Krachen einer Lawine, dem Geheul eines Orkans. Doch was kann sich mit dem Zauber und der Ausdruckskraft der menschlichen Stimme vergleichen?

Heinrich Neuhaus

Gelegenheit macht Lieder

Happy birthday … Ach, nicht schon wieder, mault Sophie. Und Jakob meint, daß er sowieso nur brummt. Carolin traut sich mal wieder nicht. Julia findet Singen doof – und der Claudio ist viel zu klein und kräht immer dazwischen. Omas Geburtstag wäre doch eine so schöne Gelegenheit gewesen, gemeinsam etwas zu singen … Es will nicht klappen. Statt Einklang macht sich Unlust breit.

Nein, ich denke nicht an inszeniertes Singen, das so schnell Widerstände heraufbeschwört. Ich denke an Augenblicke, in denen wir spüren, daß Singen zum Leben gehört. Wenn wir es weder suchen noch »machen«, stellt es sich wie von alleine ein. Ganz unversehens, überraschend. Vielleicht während einer langweiligen Autofahrt, oder vor dem Schlafengehen, an einem Winterabend oder beim Spazierengehen im Wald. Es ist da – und will aus uns heraus! Ein Spiel mit sich selbst und mit anderen.

Wer singt, spürt, wie er zum Instrument wird. Instinktiv werden unsere Sprechwerkzeuge zum musikalischen Spielzeug und der Körper verwandelt sich zum Klang- und Resonanzraum. Atem und Zwerchfell werden aktiviert. Wir schaffen Weite in uns, brauchen Luft. Und dieses »mehr« an Weite und Luft macht Lust. Es entsteht eine chemische Veränderung im Blut, indem sich Sauerstoff anreichert. Ein Gefühl, daß erhellend und bewußtseinserweiternd empfunden werden kann. Es wirkt fast so, als würden wir durch den Wald joggen. Uraltes Wissen. Litaneien, Mantren, Suren, Psalmen und andere geistige Gesänge sind Beispiele für ähnliche Wirkungen.

Als wohltuend empfinden wir auch das Schwingen zwischen Spannung und Entspannung, wie es jedem spielerischen Geschehen innewohnt. Atembogen folgt auf Atembogen, Energie baut sich auf, Pausen werden erlebt.

Wir folgen dem Verlauf einer Melodie, einem rhythmischen Pulsschlag. Solche Wahrnehmungen sind körperlich und seelisch zu spüren. Auch das Gegliederte der Strophen oder Wiederholungen in Kehrreimen werden instinktiv mit Gefühlen von Verläßlichkeit und Sicherheit verbunden.

Das Miteinander schließlich beim gemeinsamen Singen läßt uns eingebunden sein in ein schwingendes und klingendes Ganzes. – Wer wollte danach fragen, ob die Stimme »schön« und die Noten »richtig« sind? Die Psychoanalytikerin Thea Bauriedl hat einmal folgendes formuliert: »Ich kann nicht alles, aber was ich kann, wird von allen anderen dringend gebraucht.« Auch beim Singen mit Kindern!

Lieder für die Bettkante

Schlaf, mein Kindchen

Melodie: aus Rußland
Deutsche Textfassung: Dorothée Kreusch-Jacob

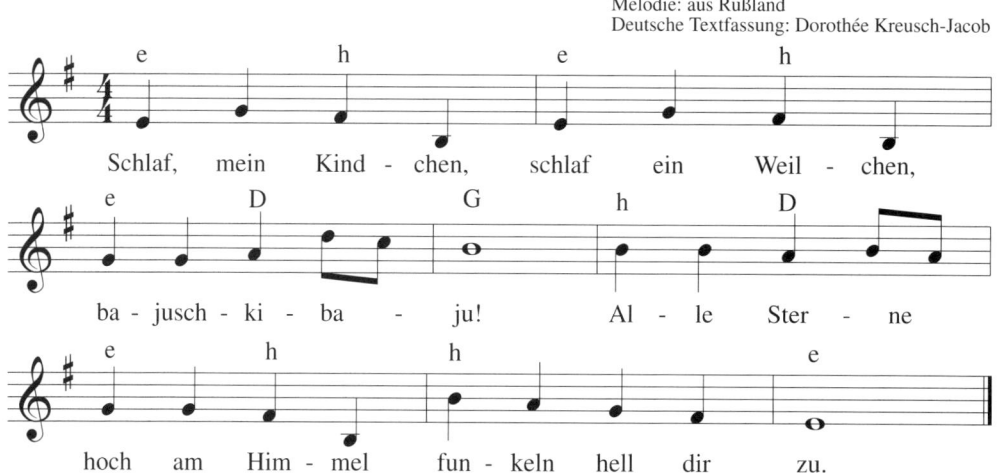

Schlaf, mein Kindchen,
schlaf ein Weilchen,
bajuschkibaju.
Wolkenschäfchen hoch am Himmel
schauen still dir zu.

Schlaf, mein Kindchen,
schlaf ein Weilchen,
bajuschkibaju.
Schau, der Silbermond am Himmel
lacht von weit dir zu.

Träum, mein Kindchen, träum ein Weilchen,
bajuschkibaju.
Träume von den schönsten Märchen,
mach die Augen zu!

Lieder zum Trösten und Einschlafen haben eine lange Tradition. Sie können für Kinder – und ihre Eltern – eine wichtige Form der Zuwendung bedeuten. Zärtliches Miteinander, Anlässe zum Nachdenken und Träumen, zum Innehalten und Sichverabschieden für eine ganze lange Nacht.

Abend für Abend das gleiche Ritual. Ganz gleich, ob gesungen, gesummt, geflüstert oder (vom Vater) gebrummt wird. Teilweise kennen wir sie noch von früher. Aber es gibt auch neue schöne Schlaflieder, wert, entdeckt zu werden. Da lohnt es sich in das eine oder andere Gutenacht-Liederbuch zu schauen oder in eine Kassette mit neuen Liedern hineinzuhorchen!

Der gute alte Mond, die Sterne und Wolkenschäfchen, die Lichter der Stadt, die geheimnisvolle Natur im Dunkeln, die bunten Märchengestalten aus tausendundeiner Gutenachtgeschichte, sie alle begleiten das Kind in den Schlaf. Und versuchen auch die Eltern noch ein wenig an der Bettkante des Kinderbettchens festzuhalten.

Wer sich mit alten und neuen, heimischen oder auch fremden Schlafliedern beschäftigt, entdeckt, daß sie sich, ganz gleich, aus welchem Land der Erde sie auch kommen, verblüffend ähnlich sind. Sie knüpfen an die musikalischen Urerfahrungen des Kindes im Mutterleib an. Ihr Rhythmus gleicht dem regelmäßigen Herzschlag der Mutter, erinnert an das beruhigende Getragenwerden. Instinktiv stellen sich denn auch oft beim Singen wiegende oder schaukelnde Bewegungen ein. Schlaflieder werden ruhig und leise gesungen. Ihre Melodie ist einfach, hat keine großen Intervallsprünge und wenig dynamische Schwankungen. Am Ende fällt die Melodielinie zum Grundton ab. Solche einfachen musikalischen Gebilde, die immer wiederholt werden, wirken entspannend und harmonisierend, signalisieren dem Kind Geborgenheit. Der Text der meisten Schlaflieder ist reich an Vokalen. Es kommen oft Sprachbilder von großer Einfachheit und Poesie in ihnen vor.

Klangsilben wie »eia«, »popeia«, »puleia«, »dodo«, »nini«, »susa« stammen teils aus der kindlichen Klangsprache, teils sind sie Überbleibsel aus alten Sprachen (»susa nine« – das bedeutet »Schlaf, Kindchen« auf mittelhochdeutsch).

Eie popeia, was rappelt im Stroh?
S'Kätzle isch g'storbe,
des Mäusle isch froh!

(aus dem Schwäbischen)

41

Und wo die Worte enden, bringt die Stimme selbst den Körper in feinste Vibrationen. Der Atem verlangsamt sich deutlich, der Pulsschlag wird ruhig, die Anspannung der Muskeln läßt nach.

Wie Kinder auf Schlaflieder reagieren, ist oft ganz unterschiedlich. Manche Kinder wollen immer das gleiche Lied hören. Neue Inhalte wirken eher anregend und belebend für sie. Andere Kinder dagegen reagieren mehr auf den Gesang selbst. Sie überlassen sich seiner suggestiven Wirkung, ganz gleich, ob das Schlaflied wechselt oder nicht. Meine kleine Tochter sträubte sich gegen Lieder, die »richtig« gesungen wurden. Sie brauchte ein Schlaflied, das ganz aus dem Augenblick entstand, und wenn es noch so einfach war. So wurde eben ein Singsangflüstersummliedchen daraus, ein Lied, ganz für uns beide. So einfach, wie es einfacher gar nicht sein konnte. Richtig zum Einschlafen.

Oft ist das Einschlafritual der Moment, in dem Eltern ihre verlorene Stimme wieder entdecken. Sie spüren instinktiv, daß es ihrem Kind auf etwas ganz anderes ankommt als auf richtige Töne oder den Text. Sie bedeutet Gegenwart, Anteilnahme und Aufmerksamkeit. Beängstigende Eindrücke oder Geräusche verlieren ihre Macht. Wer aus und mit dem Herzen singt, wird spüren, wie beruhigend und lösend dieses nicht nur auf das Kind selbst wirkt. Schon mancher Vater und manche Mutter sind dabei im Kinderbett eingeschlafen!

Aba heidschi bumbeidschi in Himml,
do fahrt di a schneeweißer Schimml,
drauf sitzt a kloans Engerl mit oaner Latern,
drein leicht vom Himmel der allerschenst Stern.
Aba heidschi bumbeidschi, bum, bum.
Aba heidschi bumbeidschi, bum bum.

(aus Salzburg)

Ein Liederpaket für unterwegs

Alle Jahre wieder, beim Stau auf der Autobahn, während einer langen Bahnfahrt zum Urlaubsziel kommt er bestimmt, der Augenblick, wo wir alle vergessen haben, wie sehr wir uns auf die Reise gefreut haben.

Da sitzen wir in unserem fahrenden Käfig, der eine müde, der andere hungrig, jemand will endlich ungestört lesen, während das Kleinste auf uns herumzappelt, dieses will, jenes nicht will, raus will, raus muß …

Nun ist der Augenblick für mein Liederpaket gekommen. Ich habe es immer bei mir. Es braucht keinen Platz im Gepäck. Nichts ist notwendig als ein bißchen Erinnerung. Es ist die Erinnerung an Lieder, die ich früher einmal gesungen habe, Ohrwürmer, die bis heute nicht ausgestorben sind. Man kann etwas aus ihnen machen, mit ihnen spielen, auch auf engstem Platz.

Eine Melodie verpacken

Der Reihe nach packt jeder Mitspieler ein bekanntes Lied in eine andere musikalische Begleitung ein. – Und die anderen machen mit. Man summt, brummt, pfeift, schnalzt, klatscht, patscht, singt durch die Nase.

Oder die Autobahn-Jazzband spielt auf verschiedenen Instrumenten wie Trompeten, Saxophon, Schlagzeug, Gitarre. Das alles läßt sich gut mit der Stimme nachmachen. Dieses Spiel paßt zu vielen Liedern. Besonders gut eignen sich solche, von denen man nur die Melodie oder allenfalls noch die erste Strophe kennt.

Ein Vogel wollte Hochzeit machen – ein neuer Vers und du bist dabei!

Manche Lieder sind so einfach »gebaut«, daß man mühelos neue Verse dazu erfinden kann. Wem zur »Vogelhochzeit« etwas Neues einfällt, darf es vorsingen. Beim Refrain sind wieder alle mit dabei. Nachdem zuerst alle Mitspieler einbezogen wurden, folgen neue Verse:

>»Der Nikolaus, der Nikolaus,
>streckt seinen Zeh zum
>Socken raus!
>Fiderallalla …«

Später können auch Tiere mitspielen:

»Das Känguruh, das Känguruh,
das knöpft sich seinen Beutel zu
Fiderallalla …«

Sprechkonzert

Einer soll raten. Während er »weg-hört«, verabreden die anderen leise von Ohr zu Ohr ein Wort mit mehreren Silben, zum Beispiel Tomatensalat, Loko-motive, Leberknödelsuppe, Autobahn-raststätte, Getränkeautomat, Brücken-geländer. Nun sucht sich jeder eine Silbe des Wortes aus. Das Konzert kann beginnen! Nacheinander (jedoch in verkehrter Reihenfolge!), miteinander, durcheinander, laut und leise, hoch und tief erklingen die einzelnen Silben des Wortes, so lange, bis es erraten ist. Dann ist ein anderer dran!

Kommt (k)ein Vogel geflogen – Lieder zum Rausschauen

Alles, was draußen vorbeifliegt, kommt im Lied wieder vor, Mögliches und Unmögliches – Vögel, Schmetter-linge, Flugzeuge, aber auch Hausdä-cher, Kühe und Apfelbäume.
Bevor die einzelnen Worte im Lied ihren Platz finden, müssen sie erst ein-mal erraten werden.

»Rate, rate, was ist das, ist kein Fuchs und ist kein Has – und sieht doch im-mer grün aus …«
Wer's erraten hat, setzt die Lösung in den Liedtext ein, damit alle singen können.
»Kommt der Traktor geflogen …«

Auf der Mauer auf der Lauer … Musikalische Pfandspiele

Es gibt Lieder, in denen immer wieder bestimmte Wörter oder Buchstaben ausgelassen werden. Wer in die Pau-sen singt, brummt oder lacht, muß ein Pfand geben.

Pfandauslösen
– Ein Lied singen und dabei einen Strohhalm im Mund behalten.
– Aus vier Wörtern eine Unsinnge-schichte erfinden.
– Ohne zu lachen ein Lied singen, während die anderen lustige Gesich-ter schneiden.
Da jeder von uns sich an andere Lie-der erinnert, wird das Liederpaket im-mer wieder anders aussehen. Die an-gegebenen Lieder sind also aus-tauschbar. Verse verändern, in ver-schiedenen Vokalen singen, mit Ge-räuschen begleiten … das alles läßt sich mit jedem anderen Lied auch spielen.

Liederspielplatz Straße

Wenn die Füße Ohren kriegen, ist es Zeit für die ersten Tanzspiele. »Ringel, ringel, Reihen …«: Das Lied ist von gestern, das Erlebnis, das mit solchen Liedern verbunden ist, gehört dem Augenblick.

Sich einreihen in ein Spiel. Erste kleine Regeln begreifen, in dem sie getanzt, gesungen, gespielt werden, zusammen mit anderen. Sich eingebunden wissen in einen Kreis, in einen Ablauf, ins Spielgeschehen, das sind schon für die kleinsten Kinder große Erlebnisse. Hände und Füße spielen dabei mit. Je mehr Wiederholungen, um so besser prägen sich Melodie und Bewegungsmuster ein, und um so besser kann sich das Kind in seinen Reaktionen auf Melodie und Rhythmus, aber auch auf die anderen Mitspieler und -tänzer einstellen.

Eltern haben zwar manchmal ihre liebe Not, die alten Spiellieder wieder aus dem Gedächtnis hervorzukramen. Es ist ja schon so lange her! Aber mit dem eigenen Kind kommen oft auch die Erinnerungen an die alten, längst schon vergessen geglaubten Spiele. Da taucht plötzlich eine Strophe auf,

eine Melodie, eine Spielidee. Wie war das noch?

Märchen, Reime und Spiellieder haben eine lange Geschichte. Jeder, der

sie hört, singt und mit ihnen spielt, spinnt den Faden ein Stück weiter. Und wenn sie nicht vergessen sind, dann tanzen Butzemann und Zipfelmütze noch heute! Allerdings haben sie Gesellschaft bekommen. Neue Kinderlieder sind geschrieben worden, andere Namen und Figuren tauchen auf. Sie sind es wert, von unseren Kindern aufgegriffen, gespielt und gesungen zu werden.

Acke, backe, Hühnerkacke ...

Es war einmal ... Da gab's den Spielplatz »Straße« mit all seinen hüpfenden und singenden Gestalten. Plumpsack und Schwarze Köchin, Zipfelmütz und armer Schuster, Abrahams Söhne und die Mohren aus dem Morgenland. Wir kennen sie oft nur noch dem Namen nach. Und da dieser Spielplatz mit der Zeit sowieso viel zu gefährlich für unsere Kinder geworden ist, scheinen sich auch all die bunten Spielgestalten davongeschlichen zu haben. Trotzdem, auch im kleinsten Hof, in der Garageneinfahrt, im Park zwischen den Bäumen oder in der Ecke des Schulhofes ist noch Platz. Platz für Reime und Verse, Lieder und Spiele, die ganz allein den Kindern gehören. Diese stehen oft in krassem Gegensatz zu dem, was sie von ihren Eltern in der Familie, im Kindergarten oder in der Schule gelernt haben.

Sind sie erst einmal fähig, sich ihrer Sprache selbständig zu bedienen, das heißt nicht nur in überlieferten Sprach- und Liedmustern –, versuchen sie auf ihre eigene Weise damit umzugehen.

Melodien und Reime, Bewegungsabläufe und die verschiedensten Spielmuster werden aufgenommen, verändert oder miteinander kombiniert. Von Ohr zu Ohr, von Mund zu Mund werden sie weitergegeben, meist hinter dem Rücken der Erwachsenen.

Da wird geneckt und schockiert, Anstößiges und Skurriles kommen zur Sprache, verstärkt durch die Melodie, durch Mimik, Gestik und Körperbewegung hervorgehoben. Die Dickmadam auf der krachenden Eisenbahn, die Oma, die im Hühnerstall Motorrad fährt, das Olgalein mit dem Floh auf dem Popo, der Kaiser von China mit seinem winzigkleinen Diener, der Schatz, der zum »Milimilitär« einrücken muß, der Ziegenbock mit seiner Frau im Unterrock, der Politiker Vogel mit der Bombe unterm Arm ... Da vermischen sich Phantasie und die für Kinder noch nicht durchschaubare Wirklichkeit. Die Erwachsenenwelt wird gespiegelt und spöttisch hinterfragt, auf einfachste und derb-direkte Weise. Protest wird geübt: »Und der Lehrer isch so faul, wie en alte Karregaul.« Schaurig-schönes Gruseliges wird besungen: »Ja, da klappert das Gebein«. Anstandsregeln lassen sich in gesungenen Abzählversen unterlaufen: »Ene, mene, mopel, wer frißt Popel?« Unanständiges wird beim Namen genannt: »Hinterm Hauptmann stinkts!« Und schließlich wird mit Klatschspielen und Liedern mit der Sprache selbst gespielt: »Am bam bi wide wi, wide wutschka am bam bi.«

Ein Stück Kinderkultur, jenseits aller sogenannten »guten« Vorbilder. Nur durch mündliche Überlieferung festgehalten. Unter der Hand weitergegeben, hinter dem Rücken gesungen. Entstanden an Spielorten, zu denen Erwachsene keinen Zutritt haben. Kindliche Gegenwelt zur Welt der Großen. – Wer die Spiele beherrscht, Lieder und Reime kennt, ist mit dabei, gehört dazu. Auf diese Weise werden Streitigkeiten spielerisch ausgefochten, man schafft Kontakt und ermöglicht Spiel.

Verirrt sich schon mal ein freches Lied, ein unanständiger Vers nach Hause, reagieren manche Eltern zunächst hilflos. Wo hat ihr braves Kind dies aufgeschnappt? Soll man da lachen, schimpfen oder verbieten? – Ich meine, weder noch. Verbotene Lieder sind sowieso die interessantesten. Besser man erinnert sich an die Zeit, als man selbst Kind war. Zusammen mit dem Kind läßt sich vieles besprechen, erzählen, singen. Da tun sich oft Welten auf, Einblicke in das Gestern und Heute, Einblicke in Vorstellungen, die damals galten, Werte, die heute gelten. Einblicke in Kinderwelten. Einblicke, die Kindern und Erwachsenen guttun und Verstehen ermöglichen.

Alle Jahre wieder

Alle Jahre wieder holen wir unsere Weihnachtskrippe vom Speicher. Krippenfiguren, Geschenkpapier und all die bunten Zauberdinge für den Christbaum haben dort ein ganzes Jahr lang ihren Dornröschenschlaf gehalten. Man sieht es ihnen an. Die Strohsterne sind geknickt, der Ochse braucht einen neuen Schwanz. Und bei zwei Schafen müssen die gebrochenen Beine geklebt werden.

Ähnlich wie die Krippenfiguren in unserer Weihnachtskiste schlummern auch all die schönen Weihnachtslieder in ihrem Liederbuch vor sich hin. Verstaubt, ausgeleiert, aus dem Leim und aus den Fugen geraten, hinken sie auf einem kümmerlichen Strophenbein daher. Und am Heiligen Abend sollen sie lebendig werden. – Ohne eine einzige Probe?

Nein, das haben diese Lieder nicht verdient. Beim Plätzchenbacken in der Küche lernen Kinder Weihnachtslieder ganz nebenbei. Beim Teigkneten oder Sterneausstechen bleibt auch die zweite Strophe noch hängen. Und für die dritte Strophe findet sich vielleicht an einem Abend Zeit.

Im Kerzenschein, zwischen Geschichten und Weihnachtsnüssen probiert sogar die Mutter die zweite Stimme dazu. Und – hat nicht Vater längst versprochen, daß er wieder einmal die Flöte auspackt? Zusammenspielen macht ganz besonderen Spaß und kann auf ganz verschiedene Art und Weise geschehen:
– Wer Gitarre spielt und die Lieder mit einfachen Akkorden begleitet, kann sein Kind die Saiten mit der Hand im Liedrhythmus zupfen lassen.
– Nüsse können aneinandergeklopft oder in der hohlen Hand wie in einer Rassel geschüttelt werden.
– Gemeinsam denken sich alle Klänge aus, die als Vor- und Nachspiel geeignet sind und die musikalische Stimmung im Lied aufgreifen.

Lieder verschenken

Bevor wir uns alljährlich um unseren Weihnachtsbaum setzen und die Lichter anzünden, fahren wir zu Alexander. Ein alter Maler. Er lebt allein. Auch den Heiligen Abend würde er allein verbringen, wenn – ja, wenn wir nicht damals das alte Klavier gesucht hätten. »Umständehalber zu verkaufen« stand da in der Zeitung. So kauften wir Alexanders altes Klavier und bekamen seine Freundschaft geschenkt. Seither ist er an Weihnachten nicht mehr allein.

Er weiß, daß wir kommen. Trotzdem dauert es lange, bis er aufmacht. Er hört nicht mehr gut. Und oft ist er über dem Warten schon eingeschlafen. Wir klopfen und klingeln, bis wir endlich seine leisen Schritte hören. Ein schmales Gesicht erscheint im Türspalt, von einer gehäkelten Baskenmütze umrahmt. Sanft lächelt Alexander uns entgegen und beugt sich zu den Kindern herunter. Die kleine Carolin schreit ihm nicht gerade zartfühlend ins Ohr: »Wir sind da! – Es ist Weihnachten!« Alexander nickt und lächelt. Hat er verstanden? »Er versteht alles«, sagt Carolin. »Er hört immer weniger«, meint der große Bruder. Tonio hat seine Gitarre mitgebracht. Er ist stolz, daß er dieses Jahr endlich unsere Weihnachtslieder begleiten kann. Carolin schreit Alexander die Liedanfänge ins Ohr. Er nickt – und singt mit. Seine Melodien stehen allerdings in keinem Liederbuch. Aber er singt! Und oft weiß er

als einziger die allerletzte Strophe. Keinen stört es, daß unser Gesang nicht sonderlich schön klingt. Und doch sind diese Lieder in meinen Ohren schöner als die der Sängerknaben, die schon seit Stunden in Radio und Fernsehprogrammen lupenrein und glattgekämmt den Heiligen Abend einsingen. Mir fällt ein Weihnachtsgedicht von Heinrich Heine ein. Es endet mit zwei Zeilen, die ein seltsames »Hörbild« beschreiben:

»…Das Öchslein brüllte,
das Kindlein schrie,
die heiligen drei Könige sangen.«

Als wir Alexanders kleines Zimmer wieder verlassen, drückt er uns den Tannenzweig und die Kerze wieder in die Hand, die wir mitgebracht hatten. »Brauch ich nicht. Allein zünd' ich die Kerze nicht an. Da gibt's nichts zu singen.« Aber etwas behält er doch von uns zurück. Was – das werden wir erst beim nächsten Besuch erfahren. Vielleicht ein Kindergesicht, Tonios Hand auf den Saiten der Gitarre … Bald wird Alexander wieder ein paar Zeichnungen fertig haben.

49

Es kommen sechs Propheten

Volksgut

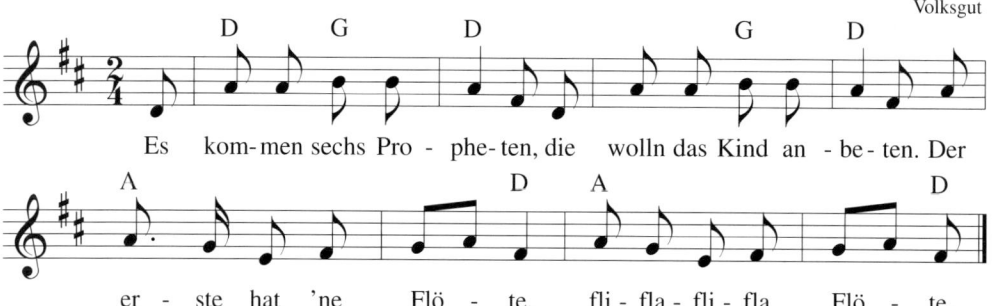

Es kom-men sechs Pro - phe-ten, die wolln das Kind an - be-ten. Der

er - ste hat 'ne Flö - te, fli - fla - fli - fla Flö - te.

Der zweite hat ne Geige,
gi ga gi ga Geige.

Der vierte hat ne Klingel,
kling klang kling klang Klingel.

Der dritte hat ne Trompete
tri tra tra Trompete.

Der fünfte hat ne Trommel,
trom trom trom trom Trommel.

Der sechste aus den Noten singt:
Schlaf nur ein, mein liebes Kind!

Jedes Kind spielt auf einem anderen Instrument. Hier können auch Instrumente mitspielen, die nur entfernt Ähnlichkeit mit einer Geige oder Trompete haben. Aus einfachem Material können sie selbst gebaut werden. – Wer mag, kann aber auch während des Singens pantomimische Spielbewegungen zum Lied machen.

Singen ist eine wunderbare, befreiende, den ganzen Körper fordernde Lebensäußerung. Auch wenn's nicht immer schön klingt – jeder sollte es versuchen.

Brigitte Fassbaender

Denk-mal Mozart!

Mozart im Kinderzimmer – warum eigentlich nicht? Denkmäler antworten zwar selten auf Kinderfragen. Sie scheinen sich sinnlicher Neugier zu entziehen und wenig zu bieten, was der spontanen Spiellust eines Kindes entgegenkäme. Kinder wollen jedoch, wie Christian Morgenstern es formulierte, »in der Kunst mitspielen und nicht so sehr bloß bewundernde Zuschauer sein«.

Kunst ist, bei allem Ernst, auch Spiel. Geniekult und Rituale, weltferne Entrücktheit und geschäftiger Musikbetrieb schaffen es oft mühelos, Kunst unseren Kindern zu entrücken, noch bevor sie sich ihr annähern konnten. Erste Annäherungen brauchen zunächst weder den speziell ausgebildeten Erwachsenen, noch müssen sie in einem Kurssystem pädagogisch abgepackter Lern-»portionen« verabreicht werden. Kunst, in diesem Falle Musik, hat auch im kleinsten Kinderzimmer Platz.

Denk-mal!

Der Salzburger »Donnerblitzbub«, der bereits im Kindergartenalter Musik geschrieben hat, der sein Leben lang ein übermütiger und – bei allem Ernst – verspielter Mensch war, wäre durchaus ein möglicher Einstieg. Neugierige Spurensucher werden in Büchern, Briefen und seiner Musik vieles entdecken, das dieses musikalische »Denkmal« auch Kindern spielerisch näherbringt.

Lach-mal!

»Schnipp, schnapp, schnurr …« Mit Worten, Silben und Klängen spielte bereits der kleine Wolferl, als er seiner Schwester Nannerl einen Brief in Rätselsprache schrieb.

… »bitt, bitt, meine liebe Schwester, mich beisst's – kratze mich!
Omgl dla h: elftglb, Ir osee klk nmcu alyemnd ksaaln, dmn I r whrdl ofcu glwo lurl amculn, mblr bmed!«

Versuchen Sie doch mal, Ihrem Kind diesen Text vorzulesen. Ob es ihn versteht? Ob es selbst eine Phantasiesprache erfinden will? Ob Sie diese zusammen buchstabieren, stottern, murmeln, brummen, summen oder singen? Oder ob Sie »nur« lachen über all den sprachspielerischen Unsinn. Später vielleicht, wenn Ihr Kind Musik von (diesem Wunder namens) Mozart hört, wird es sich an dieses Lachen erinnern.

Horch-mal!

»Große« Musik zu hören macht auch den Kleinsten schon Spaß. Hörerlebnisse können Inseln der Ruhe im turbulenten Kinderalltag sein. Wenn es eine Höhle aus Tüchern und Kissen baut, kann Ihr Kind da hineinkriechen, dicht neben die größere Schwester. Still werden, horchen, erleben, wie da eine Geschichte in Tönen »erzählt« wird, wie Klänge zu Farben werden, wie ein Rhythmus vorübertanzt … Eine Weile »ganz Ohr« sein.

Sensible Eltern spüren bei der Auswahl der Stücke genau, wie kurz oder lang die Musik sein darf. Sie merken, daß Kinder zunächst klare und einfache Formen besser erfassen. Vielleicht dirigiert Ihr Kind beim Hören mit. Oder es versucht mit einer Triangel leise zu begleiten. Sie erlauben doch, Herr Mozart?

Wer weiß, vielleicht greift auch der Vater mal selbst in die Tasten. Er setzt sich ans Klavier und spielt das längst vergessene Menuett aus Kindertagen. Bravo! Da Capo! Noch einmal … aber dieses Mal will der kleine Zuhörer nicht nur hören, sondern auch sehen. Und zu sehen gibt's bei einem Klavier einiges, so zum Beispiel das Spiel der

vielen kleinen Hämmerchen bei geöffnetem Resonanzkasten. – Am Schluß spielen Vater und Kind zusammen Musik-Erfinder. Die Saiten werden gezupft oder mit den Fingerspitzen gestrichen. Sogar mit weichen Trommelschlägeln darf gespielt werden. Das heruntergedrückte Pedal zaubert hallige Klänge. Da klingt auch die eigene Stimme ganz fremd. Horch-mal!

Spiel-mal!

Eine Oper ist lang, und Kinderaufführungen sind selten. Wer sich die »Zauberflöte« ins Kinderzimmer holen will, kann dies per Bilderbuch tun. Bilder anschauen, die Geschichte erzählen (auch wenn sie lang und kompliziert ist!), Musik hören …

Was im Theater zwei bis drei Stunden beansprucht, kann sich zu Hause Tage, ja Wochen hinziehen. Vor allem dann, wenn Ihr Kind Zeit und Ruhe hat, das Gehörte spielend zu vertiefen.

Da werden die einzelnen Märchenfiguren in selbstgemalten Bildern lebendig. Einfachste Instrumente werden gebastelt, wie etwa Papagenos Vogelpfeifchen oder das Glockenspiel. Es entstehen die Masken der Tiere, die durch die Zauberflöte des Prinzen Tamino angelockt werden. Kleine Tanzszenen können sich ent-

wickeln, wie etwa der Tanz der Tiere oder der Mohren, die von der Zauberkraft der Musik erfaßt werden … und vieles mehr.

»Was klinget so herrlich …«: Das verzauberte Glockenspiel bringt sogar die wilde Schar der Mohren zum Tanzen. Glockenspiel-Töne lassen sich auch aus Gläsern hervorlocken. Verschieden mit Wasser gefüllt, ergeben sich immer wieder andere Töne. Ob sich da, nach längerem Ausprobieren, nicht sogar die Melodie des Liedes zaubern läßt?

Wer in alten Quellen liest, wird auf das schöne Spiel des »Glasl-Sortierens« stoßen, an dem sich bereits der kleine Mozart freute. »… da hat der Malefiz (Mozart) vom Abwasch sämtliche Glaseln raus und mit der Gabl dran hinklopft und dem Ton nachghorcht und so lang rumsortiert, bis er die schönsten Tön beieinander g'habt hat …«

Guck-mal!

Musikalische Märchen wie die »Zauberflöte« stecken voller Bilder. Schauplätze der Phantasie! »Phainein« (griech.) bedeutet »sichtbar machen«. Musikhören und -erleben weckt Bilder. So, wie im Musiktheater der Erwachsenen Klang, Bild und szenisches Spiel zusammenwirken, können auch

Kinder Gehörtes in Bildern festhalten und frei gestalten.

Solches Spiel hat in der Musik bereits lange Tradition. Bereits kurz nach den ersten erfolgreichen Aufführungen der »Zauberflöte« gab es für Kinder kleine Papiertheater. Und von bekannten Komponisten wie Richard Wagner und Carl Orff weiß man, daß sie leidenschaftlich gerne als Kinder mit kleinen Bühnchen und Puppen experimentiert und gespielt haben. Dazu gab's Musik »vom Ofenblech bis zu Kastanien, die in Töpfen geschüttelt wurden« (Carl Orff).

Bereits die erste Szene der »Zauberflöte« eignet sich für ein Mini-Theater. »Zu Hilfe, zu Hilfe, sonst bin ich verloren …«, singt Prinz Tamino. Er irrt durch eine einsame Felsengegend und wird von einer Schlange verfolgt. Theater in der Pappschachtel als Teamwork? Warum nicht. Ältere Geschwister oder Freunde können mitmachen. Die einen bauen das kleine Theater, die anderen sind für Kulissen und Requisiten zuständig oder gestalten die Figuren aus Papier, die an einem Stöckchen geführt werden. Vorhang auf!

Sing-mal!

»Der Vogelfänger bin ich ja, stets lustig, heissa hopsassa!« Papageno, die Traumfigur aller kleinen – und großen – Kinder. Sein Lied ging bereits zu Mozarts Lebzeiten von Ohr zu Ohr. Und bald fand es den Weg zu den Kindern – war auf Karussellorgeln, Spieluhren und auf dem Leierkasten zu hören. Sogar als Lebkuchen gab's den Papageno, für alle, die ihn zum Fressen gern hatten.

Kinder von heute hören sein Lied meist von der Platte, mit Orchesterbegleitung, gesungen von einem (erstklassigen) Opernsänger. Das geht schön ins Ohr – aber ist leider allzuschnell vorbei. Haaalt … laß mich mitsingen, Papageno! Wenn es niemand gibt, der das Papageno-Lied eben mal auf dem Klavier spielt, so nimmt man es am besten zweimal nacheinander auf. Das erspart lästiges Zurückspulen und Suchen. Nun kann Papageno singen und spielen! Damit er sich noch lange an sein Lied erinnert, malt er sich einen großen Käfig als Wandbild. Dort findet immer wieder ein anderer buntgemalter Vogel seinen Platz.

Noch lange wird dieses Bild an die »Zauberflöte« erinnern!

»Bona nox, bist a rechter Ochs.« Mit größeren Kindern können Sie sich sogar an einen Kanon wagen, ein Endlos-Lied, bei dem jeder dasselbe, jedoch nicht zur gleichen Zeit singt. Alles zusammen klingt harmonisch und wunderschön. – Am besten Sie fangen mit leichteren Kanons an (»Bruder Jakob …«). Es genügt vorerst, wenn nur zwei Stimmen singen. Und auch hier braucht Ihr Kind zunächst Verstärkung. Allmählich jedoch wird es mit seiner Stimme den Weg ganz allein durchs Lied finden und erleben, wie schön es ist, Teil eines Ganzen zu sein.

Horchen, schauen, spielen, begreifen mit allen Sinnen. Um das Wunder der Musik zu erleben, um sich der Musik großer Komponisten anzunähern, brauchen Kinder nicht nur offene Türen, sie brauchen auch das Spiel und das Lachen.

»Knaller, paller – schnipp, schnapp, schnurr – schnepeperl …« (Mozart in einem Brief)

Aber – ist Kunst nicht doch eine sehr ernste Sache? Vielleicht kann eine Kinderzeichnung eine Antwort darauf geben. Sie stellt einen Apfel dar, durch den ein Wurm sich seinen Weg bohrt.

Darunter steht geschrieben:
»Kunst«, so meint der Apfel, »ist ein schmerzhafter Vorgang.« »Schon möglich«, schluckt der Wurm und bohrt kunstvoll seinen Gang in den Apfel. »Aber wenn man erst auf den Geschmack gekommen ist, macht Kunst Hunger auf mehr.« Ob Mozart, Bach oder Bartok. Was können die ersten spielerischen Begegnungen mit Musik Schöneres und Wichtigeres vermitteln als den »Hunger nach mehr«?

Bona nox

Text und Melodie: Wolfgang Amadeus Mozart

Bo - na nox! bist a rech-ter Ochs, bo-na not-te, lie-be
Lot - te; bonne nuit, pfui, pfui, good night, good
night, heut müß´ ma no weit, gu - te Nacht, gu - te Nacht,´s wird höch - ste
Zeit, gu-te Nacht, schlaf fei g´sund und bleib recht ku - gel - rund!

Kanon (zu 4 Stimmen)

Instrumente zum Improvisieren - erste Spielversuche

Immer wieder werde ich von Eltern oder Erziehern nach Instrumenten gefragt, die auch für kleinere Kinder geeignet sind. Instrumente, die kaum oder wenig Spieltechnik erfordern und zugleich robust genug für Kinderhände sind. Instrumente, die zum freien und spielerischen Umgang mit Musik einladen, ohne daß sie erst »gelernt« werden müssen.

Hier ein paar Vorschläge:

Klangspielzeug. Man muß nur Augen und Ohren aufmachen. Oft kann man kleinen Instrumenten begegnen, die Kindern gefallen und im gemeinsamen Spiel eingesetzt werden können. Seien es kleine Spieluhren, Knackfrösche, Jahrmarktsratschen, Vogelpfeifchen, Lotosflöten, Mini-Trompetchen, Brummkreisel, Trillerpfeifen, Summvögel, Schwirröhrchen und vieles andere mehr. Diese musikalischen Spielsachen sind meist nicht teuer. Man findet sie in Geschenkläden, Folkloregeschäften oder auf Jahrmärkten. Eine »Wundertüte« mit solchen Kostbar-

keiten bringt oft unerwartete Farbe in den Kinderalltag.

Wesentlich teurer, dafür jedoch auch auf Dauer haltbarer, sind Instrumente, die es im Musikgeschäft oder beim Instrumentenbauer zu kaufen gibt. Oft sind sie so schön gearbeitet, daß sie nicht nur den Ohren, sondern auch den Händen schmeicheln. Eine Gelegenheit zum Schenken für Taufpaten, Onkel oder Großeltern!

Rhythmus-Instrumente. An Rassel, Klappern, Klangstäben, Schellenkranz, Tamburin, Triangel, Trommel haben bereits die Kleinsten Spaß. Einzeln können sie als Begleitung zu Liedern eingesetzt werden. Bei Tanzspielen oder zur Musik von Kassetten bilden sie rhythmisch den »roten Faden«. Auf mehrere Spieler verteilt, entsteht ein klangvolles »Orchester«. Auch zum musikalischen Gestalten von Geschichten sind sie geeignet.

Stabspiele. Kleine Ohren, Augen und Hände erfahren bei Xylophon und Glockenspiel, daß die Länge der

Klangstäbe unmittelbar mit der Tonhöhe zusammenhängt. Lockere Bewegungen aus dem Arm heraus führen sofort zu klanglichen Ergebnissen, die nach Belieben abschattiert werden können (laut, leise, weich, hart). Sogar die Stimme kann hier mitspielen, sei es durch Sprechen oder Singen. Experimentelles Spiel mit einzelnen herausgenommenen Klangstäben, das Ausprobieren neuer Klangmöglichkeiten mit Fingern, »Jazzbesen« (aus Zweigen o.ä.), rollenden Kugeln oder Glöckchen regen die musikalische Phantasie an. Wer mag, kann die Halbtöne entfernen. So ergeben sich pentatonische Klangreihen, mit denen es sich einzeln oder mit anderen Kindern zusammen gut improvisieren läßt.

Fünfton-Flöte. Speziell für kleine Hände gibt es eine Flöte, die kürzer und dicker gebaut ist als die normale Blockflöte. Auch die Löcher sind kleiner gebohrt. So lassen sie sich besser von kleinen Fingern abdecken. Der geringe Tonumfang von fünf Tönen ermöglicht schon bald das Erfinden von kleinen Melodien. Aufgrund der pentatonischen Stimmung können mehrere Kinder zusammen mühelos improvisieren. – Auch für ältere Kinder in heilpädagogischen Gruppen geeignet.

Kantele. Ein zart klingendes Zupfinstrument. Jede Saite entspricht einem Ton. Es wird oft in der Musiktherapie eingesetzt. »Zart-besaitete« Kinder werden ihre Freude an diesem Instru-

60

ment haben! Klang und Spielweise sind offen für jeden musikalischen Wunsch.

Streichpsalter. Findige Kinder können aus diesem trapezförmigen Saiteninstrument schon bald die erste Melodie heraus-streiche(l)n! – Für jeden Ton gibt es die entsprechend gestimmte Saite. Sie wird mit einem kleinen Bogen gestrichen. Aufmerksame Lauscher erfassen bald, daß die jeweilige Saitenlänge auch der Höhe des Tones entspricht. So lassen sich nach dem Gehör immer wieder andere, neue Lieder und Klangreihen aufbauen. (Die Bezugsadressen für die verschiedenen Instrumente finden Sie im Anhang.)

Spielerisches Entdecken

Besonderen Reiz üben die genannten Instrumente aus, wenn sie vom Kind selbst entdeckt werden. Offen und neugierig wird es sie nach Spiel- und Ausdrucksmöglichkeiten untersuchen. Seien Sie unbesorgt – und ebenso offen, wie es Ihr Kind ist. Eine Trommel klingt auch, wenn sie umgedreht wird und eine Kastanie auf dem Fell rundherum kullert. Aus Xylophonstäben lassen sich Wege legen, die nachher mit den nackten Füßen ertastet werden.

Klanghölzer können so lustig »plappern«, und Rasseln spielen ebensogut »Regentropfen«, wie sie den Tanz des Mäusekönigs begleiten können.

Mit Klängen spielen, in Tönen sprechen, mit Geräuschen malen … Klangspielzeug sollte im Alltag unserer Kinder seinen festen Platz haben. Nicht weggeschlossen im Schrank, sondern erreichbar, greifbar für kleine und große Hände, die damit spielen wollen. So entstehen musikalische Abenteuerspielplätze. Räume, in denen Musik genausoviel Platz hat wie die Stille. Wo Stillwerden und Lauschen ebenso möglich ist wie neugieriges Ausprobieren oder gemeinsame Begegnungen auf Instrumenten.

Und das Mini-Klavier von Opa?

»Neulich bekamen unsere Kinder (4 und 5 Jahre) vom Opa ein Spielzeugklavier mit bunten Tasten vom Opa geschenkt. Während die beiden auf dem ›richtigen‹ Klavier bereits kleine Melodien zusammensuchen, erweist sich für sie das Nachspielen der farbigen Noten auf dem Miniklavier als sehr mühsam. Ist es überhaupt sinnvoll, Kindern solche Spielzeuginstrumente in die Hand zu geben?« So schrieb mir eine Mutter.

Kinder fühlen sich in der Regel stärker zum »echten« Instrument hingezogen als zu »Übersetzungen«, die sich nur scheinbar den Fähigkeiten des Kindes anpassen. In Wirklichkeit grenzen sie den natürlichen Spiel- und Forscherdrang ein. Weder die Spielweise noch ihr künstlich-plärriger Klang stehen im Verhältnis zum Originalinstrument, das sie in verkleinerter Form darstellen. Dabei sind sie, selbst im Kaufhaus, nicht einmal billig! Die kleine Plastikgitarre, das Saxophon aus Blech, der Konzertflügel in der Pralinenschachtel mit seinem unentwegten »Happy birthday«, das knallbunte Liederbuch, das sofort anfängt, Melodien zu piepsen, wenn man es nur aufschlägt. Meist landen solche Produkte nach kurzer Zeit in der Ecke. Musikalischer Wohlstandsmüll fürs Kinderzimmer?

Aber was ist nun der Unterschied zum vorher erwähnten Knackfrosch vom Jahrmarkt? Nun, der will nichts anderes sein als etwas, das in jeder Hosentasche Platz hat und unversehens bei einem Lied rhythmisch dazwischenhüpft.

Yehudi Menuhin, den ich mit einem Kind besuchte, erzählte uns: »Als ich drei Jahre alt war, bekam ich eine kleine, winzige Geige geschenkt. Sie war aus Blech. Ich war enttäuscht und wurde zornig – das erste und letzte Mal in meinem Leben! Aber damals wußte ich schon, eine richtige Geige konnte nur aus Holz sein!«

Ernsthafter Wunsch oder Augenblickslaune?

Kinder entdecken in sich den Wunsch nach einem bestimmten Instrument

Da spielt nun der Vater begeistert Geige, trifft sich allwöchentlich mit seinen Freunden zum Quartettspielen – und sein Sohn Moritz will partout Schlagzeug lernen. Das Vorbild des Vaters, sein Wunsch, einmal mit Moritz gemeinsam die ersten kleinen Stücke zu spielen, die kleine Geige, herübergerettet aus Vaters Kinderzeit – das alles scheint auf Moritz keinen besonderen Reiz auszuüben.

Ganz anders Pia. Das schwarze Klavier im Wohnzimmer bedeutet für sie »Musik«, denn Mutter und Bruder spielen Klavier. Ein Angebot, doch ein anderes Instrument zu lernen (»drei Klavierspieler sind eigentlich zu viel!«), lehnt sie ab. Erst mit zehn Jahren wählt sie »ihr« Instrument, die Querflöte. Dieser Wunsch ist so stark, daß sie, trotz ihrer Fortschritte am Klavier, wieder von ganz vorne anfängt.

Oder Claudio. Nach einem Konzertbesuch mit den Eltern geht ihm der Jazzer am Kontrabaß nicht mehr aus dem Sinn. »Muß es unbedingt ein so großes Instrument sein, größer als du selbst?« fragen die Eltern. Es muß. Auch wenn es für den sechsjährigen Claudio »warten« heißt, bis er endlich für den Kontrabaß groß genug geworden ist.

Drei Kinder – drei Wünsche. »Sollten Kinder überhaupt ihr Instrument selbst auswählen?«, fragen mich oft Eltern.

»Wachsen sie nicht in jedes Instrument hinein, wenn sie nur früh genug damit beginnen?« Ich meine, Kinder sollen nach Möglichkeit selbst wählen. Und sie können es auch. Soll ihnen die Musik ein Leben lang Freude machen, müssen sie ihr Instrument lieben. Sein Klang und seine Spielweise müssen ihm gefallen und entsprechen.

Um jedoch einen ernsthaften Wunsch von einer Augenblickslaune unterscheiden zu können, dazu braucht es Zeit – und behutsame Aufmerksamkeit. Zu früh gestellte musikalische Schicksalsfragen bringen wenig. Ebenso wird Ihr Kind spüren, wenn Sie insgeheim bereits die Auswahl getroffen haben – sei es, weil in der Familie bereits ein gutes Instrument vorhanden ist, sei es, daß Ihre eigenen Vorstellungen, Wünsche und Träume eine Rolle spielen.

Es kann durchaus ein gemeinsamer Familienspaß werden, den Wünschen Ihres Kindes auf die Spur zu kommen – und dabei das Instrument zu entdecken, das zu ihm paßt.

Vor-Spiele

Instrumente kennenlernen und ausprobieren kann Ihr Kind in einer Musikgruppe. Sei es privat oder im Rahmen einer Musikschule. Hier werden an verschiedenen Instrumenten, zunächst spielerisch, musikalische Grunderfahrungen gemacht. Diese münden oft in den Wunsch, ein ganz bestimmtes Instrument spielen zu wollen.

Warum nicht das erste Instrument selber bauen? Elementare Erfahrungen über Instrumente teilen sich Kindern auch über den Bau eigener, kleiner Klangkörper mit. Alle Sinne sind wach, wenn gemeinsam mit dem Vater während eines Spaziergangs ein Weidenflötchen entsteht. Mühelos läßt sich die erste Trompete aus Trichter und Gartenschlauch herstellen. Auch eine Schachtel-Gitarre mit zirpenden Gummisaiten ist schnell gemacht. Es lohnt sich also, klingendes Material zu sammeln: Vom Kronkorken bis zum Bambusstab, vom Blechdeckel bis zum Kirschkern. Das freie Umgehen

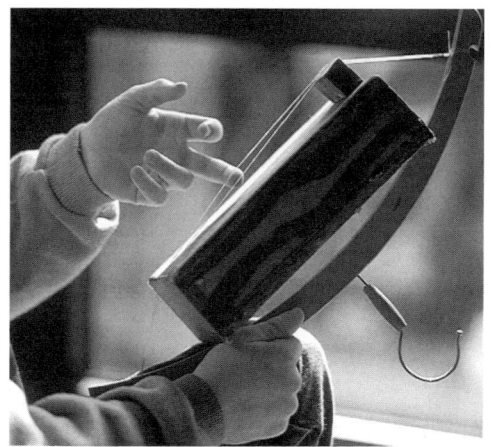

mit Material, das spielerische Entdecken akustischer Phänomene, die Freude am Hervor-»locken« des ersten Tones schaffen Erfinderstimmung und darüber hinaus auch die idealen Voraussetzungen für eine gute Wahl. Später wird Ihr Kind seinem Wunschinstrument mit anderen Ohren, Augen und Händen begegnen.

Der Waschtrommel-Trommler

Ich bin der Waschtrommel-
Trommler
und trommle laut und leise.
So trommeln die Riesen,
so trommeln die Zwerge,
so trommeln die Hasen,
so trommeln die Mäuse.

Und wie trommeln die Pferde?
Und die Marienkäfer?
Und die Spatzen?
Und die Wolken?
Der Regen? Der Hagel?
Die Föhrenzapfen,
die vom Baum fallen?
Der Donner?
Die Affen?
Die Eidechsen?
Der Nußbaum bei Sturm?
Und wer noch?

Friedl Hofbauer

Vor-Bilder

Überall, wo Musik gemacht wird, gibt es etwas zu horchen und zu beobachten. Das bringt Kindern wichtige Impulse, weckt ihre Neugier und ihr Interesse. Ihr Kind hört, wie die verschiedenen Instrumente klingen. Es sieht, auf welche Weise sie zum Klingen gebracht werden. Horchen über den Zaun lohnt sich!
Vielleicht entdecken Sie beim nächsten Stadtspaziergang den jungen Flötenspieler an der Ecke. Oder Ihr Kind will bei der Folkloregruppe in der S-Bahn-Unterführung stehenbleiben. Beim Volksfest im Biergarten würde es am liebsten in die große, goldblitzende Tuba blasen … Gelegenheiten bieten sich viele. Oft hilft der Zufall mit. Manchmal jedoch müssen Eltern dem Zufall etwas nachhelfen und ganz gezielt nach Möglichkeiten der Information für ihr Kind suchen.

Konzerte für Kinder. Hier werden für Kinder leichtverständliche Stücke gespielt. Ein Erzähler führt in die Musik ein, erklärt die einzelnen Instrumente und stellt die Spieler vor. Vor-Bilder, die oft lange im Kind nachwirken!

Öffentliche Proben. Sie finden meist zu Zeiten statt, in denen Kinder noch nicht müde sind. Das erleichtert das Durchstehen des Konzert-»rituals« sehr. Außerdem ermöglicht der lockere Rahmen, daß Sie ungeniert nach einem Stück hinausgehen können, wenn Ihr Kind unruhig wird. Nach der Probe wird es gerne nach vorne gehen, um sich die Instrumente einmal aus nächster Nähe zu betrachten.

Schülerkonzerte. Je kleiner der Rahmen, um so mehr kommt oft für Ihr Kind »rüber«. Mit Spannung wird es das Spiel eines größeren Freundes oder gar der eigenen Geschwister verfolgen. Manche Musikschulen veranstalten regelmäßig »Tage der offenen Tür«. Hier können Kinder und ihre Eltern beim Unterricht zuhören und erleben, wie kleine und große Schüler auf den verschiedensten Instrumenten spielen.

Zuhören, entdecken und ausprobieren – Vor-spiele dieser Art bewirken oft mehr als alle gutgemeinten Ratschläge und Überredungskünste.

Zwei, die sich suchen und finden

**Über die »innere« Beziehung
zwischen dem Kind
und seinem Instrument**

Wie seltsam, denken die Zuhörer. Katrin spielt Schlagzeug. Als einziges Mädchen in einer Gruppe von Jungen. Die scheue, zurückhaltende Katrin – und ein solches Temperament an der Trommel! Auf den ersten Blick scheint dieses Instrument gar nicht zu ihr zu passen.

Und Tobias, der wilde, zappelige Umtreiber spielt Gitarre. Da kommt es auf feinste Bewegungen an, um dieses Instrument mit den zarten Tönen zum Klingen zu bringen. Warum sich Kinder zu einem ganz bestimmten Instrument hingezogen fühlen, bleibt für Eltern oft ein Rätsel, ein Geheimnis, das nicht einmal das Kind selbst erklären kann.

Gleich und gleich ...?

Ist es die Vorliebe für dunkle oder helle Töne? Sind es Klangfarben? Fühlt es sich durch Form oder Material bestimmter Instrumente angesprochen? Sind es die Spielbewegungen, die einen Reiz ausüben? Ihr Kind horcht, schaut – und ahmt nach. Instinktiv spürt es die Ausdrucksmöglichkeiten, die damit verbunden sind. Es spürt, ob ihm ein Instrument liegt – oder nicht. Das unruhige Kind wird anders wählen als das ruhige, ein extrovertiertes braucht ein anderes Instrument als ein introvertiertes Kind. Instrument und Spieler haben eng miteinander zu tun. Sie passen zusammen, haben oft das gleiche Naturell.

Gegensätze ziehen sich an?

Und doch – auch das Gegenteil scheint manchmal der Fall zu sein. Dann paßt nach dem Gefühl der Eltern etwas ganz und gar nicht zusammen. Warum wünscht sich ein zurückhaltendes Kind ausgerechnet die Trompete aus blitzendem Metall? Will es sich durch die Musik Gehör verschaffen? Warum hat sich der ungestüme Lausbub ein zartklingendes Instrument gewählt? Möglicherweise versucht er damit instinktiv das »Andere« in sich zu entdecken.

Musik als heilende Kraft

Kinder sind sogar in der Lage, herauszufinden, ob ihnen ein Instrument guttut. Sie sind einem uralten Geheimnis der Musik näher als wir Erwachsene. Musik wirkt auf sie unmittelbar. Sie spüren ihre ordnende, ausgleichende – ja heilende Kraft.

Als sich unser Sohn Cornelius unbedingt ein Schlagzeug wünschte, widersprach das zunächst den elterlichen Vorstellungen. Er, ein asthmakrankes Kind, sollte lieber mit einem Saiteninstrument beginnen. Beharrlich blieb er bei seinem Wunsch, baute sich selbst aus Dosen und Pappröhren sein erstes Schlagzeug. Später, als er regelmäßig auf dem »echten« Schlagzeug spielte, erlebten wir, wie er sich beim Spielen buchstäblich »Luft holte«. Sein ganzer Körper tanzte sich in den Spielbewegungen auf Trommeln und Becken frei. Hier verschaffte sich ein Kind den Spielraum, in dem es sich emotional und motorisch ausagieren konnte. Welch positive Wirkung das auf seine Gesundheit haben sollte, konnten wir damals noch nicht ahnen.

Oder Sarah. Sie begann eines Tages zu stottern – auch auf dem Klavier. Ständiges Verbessern oder Aufmerksammachen hätten nichts genützt – und ihr wohl eines Tages die Freude an der Musik genommen. Gemeinsam überlegten wir, ob es sinnvoll sei, das Instrument zu wechseln. Nach einer Pause begann sie mit Gitarre. Dieses Instrument konnte Sarah an sich drücken und überall mitnehmen.

Sie konnte leise und sehr introvertiert darauf spielen, während sie am Klavier mit einem gewissen Abstand saß und Tasten anschlug, »pflückte« sie beim Zupfen die Töne. Sie holte sie aus dem Instrument heraus. Ein völlig anderes Erlebnis, das äußerst stark in ihr wirkte. Allmählich begann ihre Musik wieder zu fließen. Und das auf einem Instrument, bei dem sich die Töne einer Melodie nicht aneinanderbinden lassen wie etwa bei der Flöte oder Geige! Nachdem Sarah sich wieder ohne Stocken und Stottern in Tönen ausdrücken konnte, gelang ihr dies allmählich auch wieder mit der Sprache.

Daß solche Beziehungen aus dem Unbewußten kommen, ist sicher. Aber letztlich kann auch die Psychologie bis heute nicht alle Rätsel erklären. Zugegeben, es braucht einige Zeit, Geduld und offene Augen und Ohren, um herauszufinden, welches Instrument am besten zu Ihrem Kind paßt. Da stehen oft vorgefaßte Meinungen, erdrückende Vorbilder oder standardisierte musikpädagogische Vorstellungen dagegen. Um so wichtiger scheint es mir, die »innere« Beziehung herauszufinden, die das Kind zu einem Instrument hat. Erst dann kann es diesen musikalischen Freund liebgewinnen – und die ihm eigene Sprache finden.

Flinke Finger, guter Wind,
sind Dinge, die mir nötig sind;
dann spitz den Mund
und nimmt mich vor,
bald spitzen andere das Ohr.

(Flöte)

Wenn's an der Wand hängt,
ist' traurig,
wenn' herunterkommt,
wird' lustig.

(Geige)

Mit den Füßen tritt man es,
mit den Händen drückt man es,
vom Winde kommt ihm das Leben.
Bestehen tut es aus Holz.

(Orgel)

Gestreichelt in die Kreuz und Quer,
schnarch und brumm ich wie ein Bär;
kann dann auch ganz mächtig singen,
daß mir die Sehnen fast zerspringen.

(Baßgeige)

Ernst, 10 Jahre

Fidel oder Akkordeon?

Welche Instrumente sind für Kinder geeignet?

Irgendwann bemerken Sie, daß Ihrem Kind das spielerische Ausprobieren auf dem Instrument nicht ausreicht. Statt »nur so« will es »richtig« spielen. Es sucht sich bestimmte Klänge zusammen, versucht Melodien wiederzugeben, die es gehört hat. Ein Gespräch mit einem erfahrenen Musikpädagogen ist jetzt sinnvoll und wichtig. Er kann die musikalische Reife des Kindes beurteilen, kann feststellen, ob es für sein Wunschinstrument geeignet ist.

Ob Ihr Kind allerdings schon fähig ist, längere Zeit bei der Sache zu bleiben, ob es bereit sein wird, freiwillig jeden Tag zu üben, das wiederum können Sie als Eltern besser beurteilen. Bei der Frage: »Welches Instrument für welches Kind« spielen folgende Überlegungen eine Rolle:

Größe und körperliche Entwicklung

Entspricht das Instrument der Größe des Kindes? Zu kurze Arme, zu kleine Hände setzen hier natürliche Grenzen.

Kontrabaß, Fagott, Tuba, Orgel, Posaune, Saxophon … solche Instrumente sind für einen frühen Anfang schlichtweg zu groß.

Einige Blasinstrumente erfordern kräftige Lungen. Bei Klarinette und Oboe muß der Spieler sogar einem ziemlich hohen Staudruck gewachsen sein. Wer ein Blechblasinstrument lernen will, braucht gute Zähne. Der Zahnwechsel oder eine Zahnregulierung sollten abgeschlossen sein.

Spielliteratur

Gibt es Spielliteratur, die für jüngere Kinder geeignet ist? Gefallen Ihrem Kind die Spielstücke, wird es lieber üben, außerdem können sie im Unterricht phantasievoller und anregender eingesetzt werden.

Zusammenspiel

Eignet sich das Instrument zum Zusammenspiel mit anderen? Wenn Freunde, Geschwister oder Eltern mitspielen, bedeutet das einen großen Ansporn.

Im folgenden eine kurze Zusammenfassung von Instrumenten, die für Kinder geeignet sind. Ein grober Raster nur – denn Ratschläge auf dem Papier können niemals den sensiblen Prozeß des Suchens und Findens ersetzen. An erster Stelle soll daher der Rat stehen, sich selbst Rat zu holen, der da anfängt, wo Bücher enden. Im Gespräch mit anderen Menschen, die bereit sind, sich speziell auf Ihre Fragen und Probleme einzustellen: musikinteressierte Freunde, Eltern oder Musikpädagogen.

Kein Kind ist wie das andere. Jedes hat seinen eigenen Weg. Hier Normen aufzustellen, wäre wenig sinnvoll. Denn es gibt sie nicht. Vielmehr bestätigen immer wieder die Ausnahmen manch gutgemeinte Regel. Es gibt also weder *den* günstigsten Zeitpunkt für einen Beginn des Instrumentalunterrichts noch *das* ideale Instrument. Auch körperliche und musikalische Voraussetzungen können nicht festgeschrieben werden. Vieles, wie etwa die Größe der Hand oder die Kraft und Motorik der Finger, aber auch die Koordination verschiedenster Bewegungen, sei es mit Händen, Mund oder Lippen (bei Bläsern), unterliegt

Wachstums- und Reifeprozessen, die von Kind zu Kind verschieden sind. Ob und wie eventuelle Schwächen im Laufe der Zeit durch gezielten Unterricht verbessert und ausgeglichen werden können, weiß am besten ein erfahrener Lehrer zu beurteilen. Neben den Instrumenten, die schnelle und geschickte Finger verlangen, gibt es auch solche, die mit langsameren und kräftigen Spielbewegungen zum Klingen gebracht werden. Aber im Grunde ist für jedes Instrument – will man es gut spielen – eine ausgereifte Psychomotorik notwendig.

Blockflöte. Sie ist ein beliebtes Anfangsinstrument. Ihre Blas- und Grifftechnik sind relativ leicht zu erlernen. Es gibt ein reiches Spektrum an Spielmusik, die gerade Kindern entgegenkommt. Außerdem haben sich viele Lehrer auf einen frühen Unterricht spezialisiert.
Trotzdem, die Blockflöte ist nicht »nur« ein Kinderinstrument. Sie hat eine lange und anspruchsvolle Tradition. Gute Spieler können später dieselbe Spielweise auch auf die größeren Flöten übertragen (Alt-, Tenor- und Baßflöte). Damit eröffnen sich vielfältige Möglichkeiten des Zusammenspiels.
Kinder, bei denen der Wunsch nach einem bestimmten Instrument noch nicht ausgeprägt ist – oder die für ihr Traum-Instrument noch zu klein sind –, steigen oft mit der Blockflöte ein. Dafür spricht vieles. Zum einen der niedrige Anschaffungspreis. Zum anderen all das, was ein Kind beim Flötenunterricht lernt: Diese musikalischen Grundvoraussetzungen und das tägliche Üben wird es auch auf ein anderes Instrument übertragen können!

Schlaginstrumente. Kinder, die sich vor allem vom Rhythmus begeistern lassen, fühlen sich oft zu Schlaginstrumenten hingezogen. Hier ist der Körper ganz unmittelbar beteiligt. Bewegungen, ob mit der Hand oder mit Schlägeln, lassen sich direkt in Musik umsetzen. Was die Spielliteratur angeht, so können vor allem neuere Musikformen ihren Ausdruck finden – Rock, Pop und Jazz, aber auch Selbsterfundenes. –
Viele Kinder beginnen zunächst einmal mit der kleinen Trommel. Nach und nach, so wie es der Geldbeutel der Eltern erlaubt, wird das Instrumentarium erweitert und ergänzt. Es kommen mit jedem weiteren Instrument neue Klangfarben dazu (Bekken, Tomtom …). Damit das Üben nicht zu laut wird, kann man sich ein Übungsbrett kaufen oder besser selbst bauen.

Auch **Percussionsinstrumente** (aus Metall, Holz, Fell …) und Stabspiele können systematisch gelernt werden. Vor allem im Zusammenspiel mit anderen Instrumenten ergeben sich neue und reizvolle Möglichkeiten. Außer den verschiedenartigsten Rhythmen kommen nun auch Melodie und Harmonie ins Spiel. Eine Spieltechnik, die die Unabhängigkeit beider Hände fördert. Der sichtbare Bezug zwischen Klangstäben und Tonhöhen bietet gute Voraussetzungen auch für andere Instrumente. – Später kann das Orffsche Xylophon mit dem Vibraphon oder der Marimba vertauscht werden.

Klavier. Sein großer Tonumfang spricht viele Kinder an, fordert ihre manuelle Geschicklichkeit heraus und bietet reiche Ausdrucksmöglichkeiten. Quer durch alle Musik- und Stilrichtungen gibt es Spielliteratur, auch für die Jüngsten unter den Anfängern. Bei gutem Unterricht zeigen sich relativ schnell kleine Erfolge. Wer dieses universelle Instrument jedoch wirklich beherrschen will, muß »am Ball bleiben« – und gerne üben. Für kleine Solisten gleichermaßen geeignet, wie für Kinder, denen es Spaß macht, mit anderen Instrumenten zusammenzuspielen.

Fidel. Ein altes, wenig bekanntes Instrument, das sich leichter spielen läßt als das Cello. Für Kinder wurde sie wiederentdeckt. Kleine Instrumente spielt man auf dem Schoß, größere zwischen den Knien. Alte, aber auch neue oder volkstümliche Musik klingt auf der Fidel sehr reizvoll. Handwerklich etwas erfahrene Eltern können sogar selbst – nach einem Bausatz – die Fidel für ihr Kind bauen! Auf diese Weise nimmt die ganze Familie ganz direkt an der Vorbereitung auf den Instrumentalunterricht teil.

Geige und Cello. Anders als beispielsweise beim Klavier muß hier der Ton selbst erzeugt werden. Gutes Gehör und manuelle Geschicklichkeit sind Voraussetzungen für diese Instrumente. Beides wird sich bei einem qualifizierten Unterricht jedoch auch entwickeln. Ausdauer und Geduld beim Üben sind allerdings notwendig. Frühe Nachlässigkeiten in Haltung, Technik, Intonation können sich später sehr negativ auswirken. Langwieriges Umlernen hat schon manchem Kind die Lust am Spiel verdorben.
Durch neue Lehrmethoden sind diese Instrumente auch für einen frühen Anfang geeignet. Allerdings ist die Mithilfe und Kontrolle der Eltern wichtig. Der Größe des Kindes entsprechend

gibt es kleinere Instrumente zu kaufen oder zu leihen, zum Beispiel eine Viertel- oder Halbe Geige.

Gitarre. Feine Bewegungen sind für dieses leise Instrument notwendig. Möglichkeiten zum Begleiten und Zusammenspiel gibt es viele. Vom einfachen Begleiten mit wenigen Akkorden bis zum anspruchsvollen Spiel klassischer Stücke. Manche musikalische Krise in der Pubertät läßt sich durch ein Umsteigen auf die elektrische Gitarre mildern. – Wichtig ist jedoch in jedem Fall, daß die Hand des Kindes den Hals der Gitarre bequem umfassen kann. Kleinere Instrumente kann man in manchen Geschäften ausleihen.

Akkordeon. Manche Kinder sind ganz vernarrt in seinen Klang, außerdem gibt es eine große Zahl an Spielstücken für jeden Geschmack und jede Musikrichtung. Spaß macht das Zusammenspiel mit anderen Instrumenten – oder im Orchester.

Zither oder Mandoline findet die Harfe auch in Volksmusikgruppen wieder starkes Interesse. Mit seinem Instrument allmählich in eine solche Gruppe »hineinzuwachsen«, ist für Kinder äußerst spannend.

Instrumente, die mitwachsen

Zugegeben, ein teurer Spaß! Wer nicht gerade seinem Kind eine Blockflöte schenkt, muß beim Kauf eines Instruments tief in die Tasche greifen. Eltern sind dazu oft noch voller Zweifel, ob ihr Kind Spaß und Freude an der Sache findet und ob es durchhält, wenn es ums Üben geht.

Während das teure Klavier wenigstens ein ganzes Kinderleben aushält und in der Ecke des Wohnzimmers stehen bleiben darf, müssen Kinder, die beispielsweise Geige lernen, ihr Instrument immer wieder wechseln, je nachdem, wie »klein« sie anfangen. Auch Cello, Harfe, Gitarre oder Trompete müssen »mitwachsen«. Neuerdings wurde sogar eine Posaune entwickelt und gebaut, die bereits für Kinder spielbar ist. (Die Bezugsadresse finden Sie im Anhang.)

Bereits Leopold Mozart hat für den kleinen Wolfgang eine kleine Geige bauen lassen! Ein Instrument muß also

Trompete. Sie begeistert viele Kinder. Gutes Gehör und intensive Lippenarbeit sind notwendig. Die Zähne dienen als Halteinstrument. In der Regel werden Zahnwechsel und eventuelle Zahnregulierungen abgewartet. Wenn Kinder bereits im Alter zwischen sechs und zehn Jahren beginnen wollen, ist dazu ein spezieller Unterricht notwendig, aber auch eine kleinere Kindertrompete, die das Kind entspannt halten kann.

Harfe. Auch hier gibt es kleine Instrumente für Anfänger. Neben Hackbrett,

76

körpergerecht sein. Niemand kann laufen lernen in Schuhen, die um fünf Nummern zu groß sind. – Leider spuken immer noch häufig Vorstellungen in den Köpfen wie: »Unser Kind soll hineinwachsen!« – in die Gitarre, die daheim herumsteht, in Vaters Geige … Also immer wieder ein neues Instrument kaufen? – Wo instrumentale Früherziehung Tradition hat, finden sich erfahrungsgemäß Möglichkeiten für Eltern, günstig an Instrumente für Kinder heranzukommen.

Hier einige Anregungen:

- Manchmal vermittelt der Lehrer innerhalb seines Schülerkreises gebrauchte Instrumente, die später wieder weiterverkauft werden. An Musikschulen kann das in Verbindung mit anderen Kollegen geschehen. Die Nachfrage ist meist so groß, daß beim Wechsel oder bei Beendigung des Unterrichts der Wiederverkauf garantiert werden kann.
- Oft werden von Musikschulen Leihinstrumente gegen eine Gebühr oder kleine Kaution für ein Schuljahr zur Verfügung gestellt.
- Auch Musikgeschäfte oder Instrumentenbauer sind manchmal bereit, Instrumente zu vermieten.

Wann und auf welches Instrument später gewechselt wird, kann allein der Lehrer beurteilen. Fachkundig wird er darauf achten, daß kleine Hände nicht zu große Sprünge machen müssen. Der musikalische Weg Ihres Kindes könnte sonst zu einer Stolperstrecke werden.

Verschiedene Geigen

Kinder spielen auf halben Geigen,
Clowns auf Viertel- und Achtelgeigen,
wenn sie ihre Zirkuskünste zeigen.
Und Grillen, Zikaden in Gras und Zweigen
zaubern schöne
silberne Töne
aus Sechzehntelgeigen.

Hans Baumann

77

Welche Lehrerin, welcher Lehrer?

**Ob Privatunterricht oder
Musikschule – die Wahl
des Lehrers ist entscheidend**

Wenn ich mir die kleine Carolin an-
schaue, weiß ich genau, wie ich mir
den Menschen vorstelle, der die ersten
musikalischen Schritte meines Kindes
begleiten soll. Meine Wunschliste ist
lang. Sie reicht von spontan bis erfahren, von geduldig bis verständnisvoll,
von kompetent bis humorvoll. Ein
Mensch, der mein Kind wahr- und
ernst nimmt. Der musikalische Funken
schlägt, die überspringen. Jemand, der
nicht starr Methoden und Ziele verfolgt, sondern auch wachsen läßt. Bei
dem Suchen und Finden möglich ist.
Jemand, der meinem Augen-, Ohren-,
Fühl- und Spürkind die Sprache der
Musik erschließt ... Ein ganz normaler
und sehr persönlicher Wunschtraum. –
Aber wo und wie sollen Eltern den
Menschen finden, den sie sich für ihr
Kind als den »richtigen« Lehrer vorstellen?

Zunächst stellt sich für viele die Frage:
Privatlehrer oder Musikschule?

Privatlehrer, die sich intensiv um ihre
Schüler kümmern, kann man durch
aufmerksames Herumhorchen und
persönliche Empfehlungen finden. Allerdings, pädagogisch und künstle-
risch qualifizierte Lehrer wohnen
nicht immer um die Ecke. Es gibt jedoch Eltern, die einem besonders ge-
eigneten Lehrer zuliebe weder auf lange Wegstrecken noch auf die Kosten
schauen. Langfristig lohnt sich dieser
Aufwand trotzdem. Ein Lehrer, bei
dem Ihr Kind mit Freude bei der Sache
ist und rasche Fortschritte macht, erspart auf Dauer gesehen trotzdem Zeit
und Geld – außerdem manch spätere
herbe Enttäuschung.
Adressen von Lehrern, die in Ihrer
Gegend unterrichten, vermittelt auch
der Berufsverband der Musikerzieher
und konzertierenden Künstler
(VdMK). Oft helfen auch Musikhäu-
ser weiter.
Annoncen, in denen Unterricht zu bil-
ligen Preisen angeboten wird, sollten
Sie kritisch prüfen. Es gibt inzwischen
zu viele Lehrer ohne entsprechende
Ausbildung und Qualifikation. Nachlässigkeiten und Fehlentwicklungen in

Haltung oder Technik können über kurz oder lang zu Grenzen führen, die oft kaum mehr – oder nur durch langwieriges und mühsames Umlernen überwunden werden können.

Musikschulen gibt es mittlerweile in großer Zahl. Dank öffentlicher Mittel sind sie günstig im Preis. Neben dem reinen Instrumentalunterricht bieten sie auch Fächer an, die die musikalische Allgemeinbildung ergänzen, wie Musiklehre oder Gehörbildung. Außerdem geben sie Gelegenheit, in Gruppen zu musizieren. Dieses Angebot erstreckt sich quer über die verschiedensten Musikrichtungen, von der klassischen Kammermusik bis zu Rock und Pop, Jazz oder Volksmusik. Für besonders Eifrige gibt es Förderklassen. Ansporn sind auch oft die regelmäßigen Vorspiele und Schülerkonzerte.

Ganz gleich, ob Privatlehrer oder Musikschule, letztendlich werden Sie sich einen ganz persönlichen Eindruck von dem Menschen verschaffen müssen, dem Sie die musikalische Ausbildung Ihres Kindes anvertrauen. Denn der unpersönliche Akt der Einschreibung in der Musikschule oder ein einmaliges Gespräch am Telefon mit dem Privatlehrer reichen nicht aus. Hier ein paar Tips und Kriterien:

Schülerkonzerte oder -vorspiele sind gute Gelegenheiten, um einen Lehrer oder eine Schule kennenzulernen. Ist hier eine Atmosphäre, in der Kinder locker und frei spielen können? Oder geht es um Dressurleistungen? Sind die Stücke dem Alter und Können der Kinder angemessen? Werden die kleinen Spieler vom Lehrer »aufgefangen«, wenn's mal schiefgeht?

Ein Gespräch mit dem betreffenden Lehrer führt bereits zu mehr persönlicher Nähe. Wirkt diese Nähe auf Ihr Kind ermunternd oder »befremdend«? Kann es dabei auch zu Wort kommen? Kann es erstes Vertrauen gewinnen? – Scheuen Sie sich nicht, nach seinen Vorstellungen zu fragen. Seine pädagogische Grundhaltung sollte mit der Ihren zusammenpassen. Sonst kann es sein, daß sich Ihr Kind zwischen zwei verschiedenartigen Erziehungs»polen« hin- und hergezerrt fühlt. Falls Sie wenig oder gar nichts über die Qualifikation oder Ausbildung des Lehrers wissen, scheuen Sie sich nicht zu fragen.

Eine gewisse Übereinstimmung muß also da sein, ehe Ihr Kind zusammen mit dem neuen Lehrer oder der neuen Lehrerin seinen musikalischen Weg beginnt. Ebenso kann dieses Gespräch der Auftakt sein für ein gutes Mitein-ander zwischen Eltern und Lehrer. Wenn Ihr Kind seinen Lehrer nur ein einziges Mal pro Woche sieht, ist ein Austausch dringend notwendig.

Unterrichtsbesuch. Kinder wollen wissen, was sie erwartet, wollen in den Entscheidungsprozeß eingebunden sein. Fragen Sie den Lehrer, ob Ihr Kind in einer seiner Unterrichtsstunden zuhören darf. So bekommt es einen ersten, ganz konkreten Eindruck. Ist er positiv, wird es neugierig und gespannt die erste Stunde erwarten. War er negativ, so ist ein frühes Sich-klar-Werden besser als spätere Schwierigkeiten.

Probezeit. Sinnvoll ist es, wenn eine Probezeit vereinbart wird. So lernen sich Schüler und Lehrer über einen längeren Zeitraum intensiv kennen, ohne daß sie gleich für ein ganzes Schuljahr vertraglich aneinander gebunden sind.

Gruppenunterricht? Oft wird, gerade für Anfänger, auch Gruppenunterricht angeboten. Für Kinder, die gerne in einer Gruppe lernen, eine reizvolle Sache. Ebenso für Eltern, die sich so das Stundenhonorar mit anderen teilen können.

Je kleiner die Gruppe, desto besser. Vielleicht können zwei Kinder mitein-

ander beginnen? Wenn sie sich bereits kennen, fällt der Einstieg leicht. Einander zuhören und miteinander spielen, kann sehr anspornen. Und warum sollten die beiden nicht auch mal zusammen üben? Man hilft sich gegenseitig, wenn's schwierig wird und sieht den gerade behandelten Stoff von verschiedenen Seiten.

Ist die Gruppe zu groß, besteht die Gefahr, daß der Lehrer nicht mehr auf die Schwierigkeiten des einzelnen Kindes eingehen kann. Erfahrungsgemäß ist es nicht leicht, langsam und schnell lernende Kinder pädagogisch »unter einen Hut« zu bringen. Damit Kinder nicht einen Großteil der Stunde mit Warten verbringen, bis sie endlich »drankommen«, erfordert der Gruppenunterricht eine ganz spezielle Methode.

Seien Sie also wach und aufmerksam, um den Zeitpunkt zu erkennen, an dem Ihr Kind einen intensiven Einzelunterricht braucht, in dem es ganz individuell nach seinen Vorlieben und Fähigkeiten betreut wird.

Mitarbeit der Eltern? Mit der regelmäßigen Bezahlung des Unterrichtshonorars ist es sicher nicht getan. Sowohl der Lehrer als auch Ihr Kind brauchen Ihr begleitendes Interesse. Ein regelmäßiger Austausch im Gespräch ist deshalb wichtig. Vor allem, wenn sich Lehrer und Schüler nur ein einziges Mal pro Woche begegnen.

Schwierig kann es manchmal werden, wenn Eltern selbst ein Instrument spielen und sich musikalisch kompetent fühlen bzw. es sogar sind. Sich zurückhalten fällt oft schwer. Aber ständiges Sicheinmischen und Dazwischentreten kann ein Kind mehr verwirren und verunsichern, als daß es ihm hilft. Wie kann da Vertrauen zum Lehrer entstehen?

Oft ist es sinnvoll, den Unterricht, vor allem am Anfang, gemeinsam mit dem Kind zu besuchen. Vorausgesetzt, der Lehrer und Ihr Kind sind damit einverstanden! Manche Lehrer wünschen es sogar ausdrücklich, vor allem bei kleineren Kindern. Beim Zuhören und Zuschauen merken Sie, worauf im Unterricht besonderer Wert gelegt wird. Sie spüren, wo Ihre Mitarbeit notwendig ist – und wo Sie sich besser zurückhalten.

Daß Sie Ihr Kind ständig beim Üben überwachen, kann und darf jedoch nicht das Ziel all dieser Bemühungen sein. Im gemeinsamen Interesse von Lehrer und Eltern muß das selbständige und eigenverantwortliche Üben des Kindes stehen. Nur wo es im Vertrauen zum Lehrer in diese Eigenständigkeit hineinwachsen kann, wird es allmählich seinen eigenen musikalischen Weg finden.

Ein großer Lehrer ist einer, der aus seinen Schülern Funken herausschlagen kann, Funken, an denen ihr Enthusiasmus für Musik – oder was immer sie studieren – schließlich Feuer fängt.

Leonard Bernstein

Der Lehrer muß sich nicht als der »Unfehlbare« zeigen, der alles weiß und nie irrt, sondern als der Unermüdliche, der immer sucht und vielleicht manchmal findet …

Arnold Schönberg

Der Schüler ist wohl »begabt«, der Lehrer muß aber in jedem Fall entsprechend »be-gabend« sein …

Francis Schneider

»Was du von einem Menschen denkst, entzündest du in ihm.«

Friedrich Nietzsche

Noten müßte man können

Der Bär im Liederbuch hat es Sarah angetan. Sie zeigt auf seine rote Mütze und schaut auf ihre Mutter. »Sing!«, bittet sie. Diese zögert. Muß es denn unbedingt das Lied vom Bären sein? Auf der nächsten Seite wartet doch der Fuchs, der die Gans gestohlen hat, und das Hänschen klein, das in die weite Welt hinauswandern möchte. Diese Lieder kennt die Mutter – das vom Bären leider nicht. Ach, man müßte die Noten können!

So ähnlich geht es vielen Müttern und Vätern. Sie würden ja gerne mit ihren Kindern mal was Neues singen. Aber Liederbücher »lesen« sich nicht so leicht wie Bilderbücher vor. Selbst wenn Illustrationen und Texte viel zum Verständnis eines Liedes beitragen, so bleiben doch letztendlich die schwarzen Punkte auf den Notenlinien für viele Leser eine Geheimschrift.

Da Sarah nicht aufgibt und ausdauernd ihren Finger auf die Bärenmütze bohrt, wird der ältere Bruder Jakob helfen müssen. Er spielt bereits Flöte. Ob er mal …?

Sarah liebt ihr Liederbuch. Das gemeinsame Singen mit der Mutter ist der Anfang ihres musikalischen Weges. Und bereits an diesen ersten Stationen erfährt sie etwas von dem Sinn, der hinter den schwarzen Notenpunkten liegt, nämlich: Melodie, Rhythmus, Klang. Ehe sie sich später einmal selbst daran macht, diese Schrift zu entziffern, muß sie ihren Sinn in vielfältiger Form erst spontan erlebt haben: Melodien hören, singen und variieren, mit der Sprache spielen, einen Rhythmus klatschen, patschen oder in Bewegungen des Körpers umsetzen, Ausprobieren von Klängen, Kennenlernen von Instrumenten und ihren Klangfarben, das Zusammensuchen einfachster kleiner Melodien nach dem Gehör … dies alles führt im Lauf der musikalischen Entwicklung eines Kindes auf einen Punkt hin. Und dieser Punkt bedeutet: das zu verstehen, was *hinter* den Zeichen und Symbolen liegt, die wir »Noten« nennen.

Musikalische Vor-Zeichen

Bereits früh können Kinder malen, was sie hören. In Punkten, Linien, Kurven, Spiralen, Schraffierungen halten sie Klänge und Geräusche in

einer Art Vor-schrift fest. Lange und kurze, laute und leise, helle und dunkle Töne werden zu Zeichen und Spuren auf dem Papier. Auf- und absteigende Melodien, anschwellende und leiser werdende Klänge können mit der Zeit vom Ohr immer genauer erfaßt werden. Sogar Klangschattierungen und Mischungen werden durch ineinanderfließende Farben ausgedrückt. Wichtig für diese ersten Hör- und Malspiele ist das, was Kinder von sich aus empfinden und in ganz eigenständigen Zeichen ausdrücken. Jede Vorgabe würde Phantasie und Vorstellungskraft einengen.

Nur nicht zu früh!

Zu frühes Erlernen der Noten kann diese wichtigen Entwicklungsschritte überspringen. Wo Klangempfinden wachsen soll, wird bereits musikalisches Alphabet trainiert. Wo sich Gehör und Vorstellung bilden sollen, werden fertige Muster per Noten »nachgeplappert«. Auch die »spielerischen Umwege« über Notenmännlein und Vögelchen, die über Notenlinien hüpfen, gleichen solche Mängel nicht aus. Schon manches Kind hat über dem lähmenden Tempo des zu frühen Lesevorgangs die Lust an der Musik verloren.

Und doch – ohne Notenlesen wird ein Kind kaum ein Instrument erlernen können. Schulkinder, die bereits Buchstaben und Zahlen kennen, schaffen in der Regel auch das Notenlesen relativ problemlos.

Die beiden Gehirnhälften

Allerdings, die Aufschlüsselung der musikalischen Symbole gelingt nicht immer bei jedem Kind ohne Probleme. Für viele Kinder, die zwar die Noten kennen, bleiben diese Zeichen weiterhin abstrakt, solange sich nicht auch musikalische Zusammenhänge erschließen lassen.

Der Grund für solche Schwierigkeiten liegt oft in einer pädagogischen Vermittlung, die die Funktionsweise des menschlichen Gehirns nicht genügend berücksichtigt. Eine Pädagogik, die ein-seitig linkshirn-orientiert arbeitet und nicht das Zusammenspiel beider Gehirnhälften fördert, kann kaum ganzheitliche Denkprozesse fördern und anregen.

Das reine Notenlesen wird zunächst weitgehend von der *linken* Gehirnhälfte gesteuert. Sie spezialisiert sich vor allem auf das Entziffern von Symbolen, das Verständnis von Zahlen und Buchstaben, die Differenzierung von Fakten, und ist für abstraktes Denken, Logik und Rationalisierung zuständig. Jemand, der jedoch beim Notenlesen hauptsächlich die linke Gehirnhälfte aktiviert, kann zwar die Noten »buchstabieren«, doch das klingende Ergebnis hört sich mechanisch an. Er spielt Töne – aber keine Musik.

Erst im Zusammenspiel mit der *rechten Gehirnhälfte* bekommt das Gelesene musikalischen »Sinn«, Zusammenhang und emotionalen Gehalt. Die rechte Gehirnhälfte ist hauptsächlich zuständig für die ganzheitliche Verarbeitung von Eindrücken (zum Beispiel Seh- und Hörreizen), außerdem für das Empfinden, für kreative Eingebungen und künstlerischen Ausdruck. Notenlesen verlangt demnach eine Unterrichtsmethode, die das Zusammenwirken beider Hemisphären ermöglicht. Neben dem rein intellektuellen Erfassen von Notennamen und -werten müssen mit gleicher Intensität auch Gehör und Klangvorstellung entwickelt werden. Der musikalische Lesevorgang spielt sich etwa folgendermaßen ab: Während das Kind die schwarzen Punkte entziffert, hört es mit dem »inneren Ohr« und »greift« bereits in Gedanken auf dem Instrument, das heißt, es werden entsprechende Bewegungsimpulse gegeben.

Erklingt der Ton, kontrolliert das Ohr, ob er der inneren Klangvorstellung entspricht. Daraus ergeben sich weitere Impulse. So greifen sinnliches Wahrnehmen, Intellekt, Phantasie, Gestaltungswille und körperliche Reaktionen fließend ineinander.

Die liebe Not mit den Noten

Langsame Notenleser sind meist nicht weniger musikalisch. Ihnen fehlt es oft einfach an der klanglichen Vorstellung von dem, was hinter den Noten steckt. Wieder andere, oft sehr musische, verträumte und kreative Kinder tun sich schwer, weil sie manchmal einseitig rechtshemisphärisch geprägt sind. Was sie nicht fühlen, fassen und be-greifen können, fällt ihnen schwer zu verstehen. Sie brauchen im Instrumentalunterricht Lernmöglichkeiten, die sich deutlich von unserem meist abstrakten und linkshemisphärisch geprägten Lern- und Schulsystem abheben. Ein guter Lehrer wird ihnen den musikalischen Erfindungsreichtum nicht durch unerbittliches Notenlernen austreiben, sondern Brücken der Phantasie bauen. Wenn sich solche Kinder schließlich mit dem musikalischen Lesevorgang befreundet haben, kann sich das nicht nur durch besondere Fortschritte am Instrument, sondern auch in ihrem sonstigen Lernverhalten, etwa in der Schule, positiv auswirken.

Das Geheimnis der schwarzen Punkte

Hier einige Anregungen, die beim Notenlesen und -lernen die Balance zwischen beiden Gehirnhälften erleichtern:
Ähnlich wie in der Sprache sollten Hören, Lesen und Schreiben gleiches Gewicht haben. Warum soll Ihr Kind immer wieder ablesen, was andere geschrieben haben? Aufschreiben, was man selbst gehört oder erfunden hat, macht auch Spaß!

Musik-Malheft (das nicht einmal der Lehrer zu Gesicht bekommt). Am besten, Sie besorgen sich im Musikhandel ein Notenheft mit großen Linien. Jeweils die gegenüberliegende Seite ist unbedruckt und kann bemalt werden. Mit großen, bunten Noten entdeckt Ihr Kind das Geheimnis der kleinen, schwarzen Punkte. Malen und aufschreiben, den Rhythmus klatschen und Notennamen singen ... Kleinere Kinder können sogar mit Fingerfarben auf die großen Linien tupfen. Nachher werden die einzelnen Töne auf dem

Instrument abgespielt. Entdeckerfreude über die kleinste, selbsterfundene Melodie! Was für ein Bild paßt dazu? Dieses wird auf der gegenüberliegenden Seite gemalt.

Melodie-Linien. Ein bekanntes Kinderlied wird vorgesungen oder gespielt. Ihr Kind »malt« mit dem Finger in der Luft den Verlauf der Melodie. Nachher wird sie ins Notenheft gemalt, zunächst nur als Linie. Danach wird dieselbe Melodie in Noten aufgeschrieben. Ihr Kind verbindet die Notenköpfe ebenfalls mit einer Linie. Gleichen sich die beiden Melodiekurven?

Lieder-Raten. Die Anfänge bekannter Lieder werden als Linien auf den Rükken des anderen »geschrieben«. Welches Lied war es? So werden Beziehungen von Tönen untereinander spürbar und später auf dem Papier sichtbar.

Töne vertauschen. Der Anfang einer Liedmelodie wird in großen Noten aufgemalt und nachher auf einem Xylophon oder auf Gläsern, die verschieden hoch mit Wasser gefüllt sind, gespielt. – Anschließend wechselt Ihr Kind einen Ton aus. Wie klingt jetzt die Melodie? – Wie sieht sie in Noten geschrieben aus? – Wie viele andere Melodien stecken in dieser Melodie?

Mein Lied. »Das ist mein Lied. Ich hab es aufgeschrieben. Wenn man da in der Mitte am Kreuz dreht, purzeln alle Wörter und Klänge durcheinander, und es klingt immer wieder anders.«
Cornelius, 5 Jahre

Rätsel

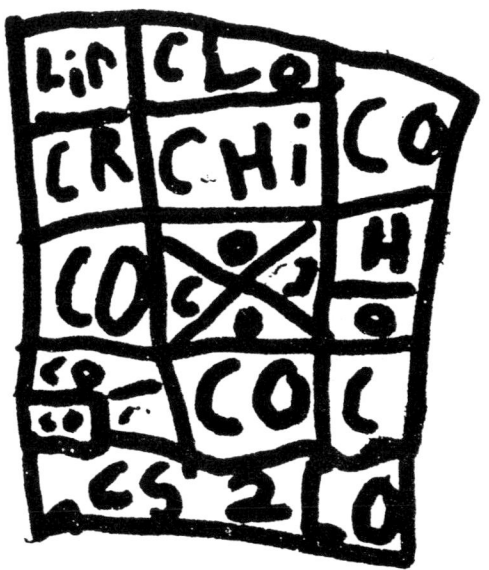

Wer mögen die kleinen Leutchen sein
mit dickem Kopf und dickem Bein?
Ist doch ihr Leib, ach fadendünn,
und in den größten Köpfen nichts drin.
Doch wenn sie hintereinander gehn,
bekommt gleich Füße das ganze Heer,
je rascher sie laufen, desto mehr.

(Notenschrift)

Noten-Bild. Carmen hat sich ein Notenbild gemalt. Die Notenlinien reichten allerdings nicht aus. Und so suchten ein paar Klänge ihren eigenen Weg, um Haus und Garten zu bevölkern.

Carmen, 6 Jahre

Noten-Memory. Rhythmuskarten im Karton. Einzelne Notenwerte und Pausenzeichen werden groß auf ein Stück Karton gemalt und dann in Form von gleich großen Karten ausgeschnitten. Mit einem solchen Kartenspiel läßt es sich spielend lernen. Jedesmal wenn die Karte von einem Spieler aufgedeckt wird, sagt der andere den Namen, klatscht oder trommelt den Notenwert. Allein kann sich Ihr Kind aus mehreren Karten ganze Rhythmusfolgen legen, die es dann mit der Trommel abspielt.

Takthäuschen. In Form von Häuschen werden Takte in großer Notenschrift gemalt und ausgeschnitten, jeweils von einer Taktart mehrere. Je kleiner das Kind, desto größer können die Häuschen sein. Nun kann sich Ihr Kind am Boden eine ganze Straße im Dreivierteltakt legen. Es kann langsam gehend den Rhythmus klatschen oder trommeln.

Noten-Puzzle. Ein Lied oder ein Stück, das Ihr Kind gerade spielt, wird fotokopiert und in einzelne Teile geschnitten. Findet Ihr Kind die Teile, die zusammengehören, heraus?
Mehrere Kinder können die Puzzleteile ihrer Lieder vermischen. Welche Liederteile gehören zusammen?

Ich hör' etwas! Was steckt hinter einem Notentext? Singen oder spielen Sie Ihrem Kind ein Lied oder ein Stück vor. Währenddessen hat es die Augen geschlossen und konzentriert sich nur auf die Musik. Nachher hört es dasselbe noch einmal und liest mit dem Finger auf dem Papier die Noten mit.

Katzenmusik. (Vgl. gegenüberliegende Seite 89): Auch der romantische Maler Moritz von Schwind scheint seinen Spaß mit den Noten getrieben zu haben. Statt Notenköpfe malte er Katzen, die sich auf den Notenlinien herumtreiben. Wie dieses Stück wohl klingt?

Rabenlied

Tor! Tor! Tor!
Broxak! Broxak!
Kokoloko? Kokoloko?!
Serbo – Serbo.
Broxak! Broxak!

Kolkrekolo! Kolkrekolo?
Kar! Kar! Kar!
Broxak! Broxak!
Kalakaka! Kralkaka!

Christian Morgenstern

Dieses Gedicht ist mit »Lied« überschrieben. Tobias (8 Jahre) hat auf einem Stück Notenpapier festgehalten, wie er sich dieses Gedicht musikalisch vorstellt.

Früh übt sich?

»Und zum Geburtstag wünsch ich mir eine Geige!« Daniels Eltern sind sprachlos. Ihr Kind wird demnächst fünf Jahre alt. Ein Kindergartenkind soll Geige lernen? Eine Geige ist schließlich keine Holzeisenbahn, und das Spielen auf einem Instrument will gelernt sein. Ist Daniel für einen Unterricht nicht noch viel zu klein?

Zu früh ist es nie – sagen die einen. Und berühmte Beispiele dafür gibt es genug. Von Mozart bis Rubinstein, von Liszt bis Menuhin. Wer es in der Musik zu etwas bringen will, kann gar nicht früh genug anfangen. So brummte zwar noch der alte Beethoven: »Wunderkinder mag ich nicht«, Richard Strauß jedoch pflegte kühl festzustellen: »In allen Dingen, wo man das Metier nicht vom 15. Lebensjahr an beherrscht, ist man Dilettant.«

Auch Fernsehbilder aus Japan mögen uns imponieren. Da spielen bereits die Kleinsten auf Minigeiglein und sitzen auf einem hohen Klavierhocker. Längst hat das japanische Beispiel bei uns Schule gemacht. Das kleine Kind soll lernen, sich wie in seiner Muttersprache auf seinem Instrument auszu-

drücken. Bewegungsabläufe von Fingern und Händen werden intensiv geschult. Denn wer früh beginnt, erreicht eine Leichtigkeit und Treffsicherheit im Spiel, wie sie sich in späteren Jahren nicht mehr so leicht erlernen läßt. Hier der Traum vom Wunderkind – dort das zur Fingerfertigkeit »dressierte« Kind – wo liegt die Mitte?

Ich meine, sie liegt dort, wohin uns das Kind durch seine Wünsche, seine Veranlagung und sein Verhalten selbst führt. Wenn es sich von selbst ans In-

strument setzt und versucht, mit Ausdauer und innerer Anteilnahme das, was es hört, nachzuspielen, wenn es versucht, sich immer neue Melodien auszudenken, werden Eltern nicht darum herumkommen, diesen Wunsch ernst zu nehmen.

Allerdings ist es damit noch nicht getan. Sie müssen sich erst einmal auf die Suche machen nach einer Lehrerin oder einem Lehrer, die oder der es versteht, Kinder in diesem frühen Alter zu unterrichten. Viel Phantasie, Sensibilität und Offenheit sind notwendig. Es gilt dort anzuknüpfen, wo das Kind gerade steht. Es will weiterhin »spielen«, mit allen Sinnen. Weiterhin ausprobieren und entdecken. Notenlesen kostet in der Regel viel Zeit und hat schon manchem Vorschulkind die Freude erheblich gedämpft. – Ebenso fallen Stillsitzen und konzentriertes Durchhalten schwer. Deshalb empfiehlt es sich, die wöchentliche Unterrichtsstunde auf zwei halbe Stunden aufzuteilen, jeweils an verschiedenen Tagen.

Daß Kinder, die früh mit einem Instrumentalunterricht beginnen, zunächst auf die Mithilfe eines Erwachsenen, sei es Vater oder Mutter, angewiesen sind, versteht sich von selbst. So ist es nicht nur notwendig, bei den Unterrichtsstunden dabeizusein, auch das

tägliche Üben braucht liebevolle Aufmerksamkeit.

Aber was ist nun mit Daniel? »Er ist sicher kein Wunderkind«, sagen die Eltern, und sie sind fast froh darüber. Denn sie wissen, daß Wunder oft ein schweres Gewicht haben. Auch eine zu frühe Dressur zur Fingerfertigkeit hat schon manchem Kind den Spaß an der Musik fürs Leben verdorben. Wieviel Kinder sind mir im Laufe meiner musikpädagogischen Tätigkeit begegnet, die statt einer frühen und spezialisierten Förderung, wie sie der Instrumentalunterricht darstellt, noch ein bißchen Zeit gebraucht hätten! Zeit zum Spielen, ohne Methode, ohne Ziel, ohne Zweck – jedoch mit dem Sinn einer breitgefächerten Orientierung. Zeit zum Spielen mit Geschichten, mit Material, mit Farben, mit anderen Kindern. Zeit, sich ein Bild zu machen von den Menschen und der Welt. Zeit, um Ordnungen zu verstehen und eigene Wünsche zu entdecken. – War etwa der frühe Wunsch nach einem Instrument gar kein eigener? Steckten die Wünsche der Eltern dahinter? – Zu frühes Lernen, Nachvollziehen festgelegter musikalischer Formen, zu frühes Sichselbstdarstellen, etwa durch Vorspielen, kann ein Stück »verlorene

Kindheit« bedeuten. Ein Drama, das sich, meist unbemerkt, im Kind abspielt – und erst viel später im Leben seine Schatten wirft. Zunächst wird dies vielleicht noch überspielt vom Interesse und der Anerkennung durch die Eltern und den Lehrer.

Je jünger das Kind, um so mehr Zweifel und Gedanken bewegen uns. Lohnt sich also ein früher Anfang wirklich?

In manchen Fällen wird die Antwort vielleicht »ja« heißen. Manchmal ist es besser, sich zu einem »Nein« durchzuringen. Um so mehr, als man weiß, daß musikalische »Frühchen« oft nach Jahren von Kindern überrundet werden, die die Chance hatten, ausgeruht und um vieles reifer nach Schulbeginn mit dem Instrumentalunterricht zu beginnen.

Wachsen braucht Zeit. Auch die beste Methode wird wenig ausrichten, wenn sie Entwicklungsprozessen keine Zeit läßt. Die Geschichte vom chinesischen Reisbauern Mong Dse mag dies deutlich machen.

Mong Dse schaute täglich, wie sein Reis wuchs und wuchs. Eines Abends kommt er müde nach Hause und sagt: »Heute habe ich meinem Reise wachsen geholfen.« Am Morgen danach gingen alle mit ihm hinaus aufs Feld. Die Reispflänzchen lagen umgeknickt im Wasser. Mong Dse hatte an jedem Pflänzchen ein wenig gezogen, damit sie schneller wachsen sollten.

Das Wort »ziehen« steckt auch in unserem deutschen Begriff »Erziehung«. Im Lateinischen heißt dasselbe »educare« = herausführen. Und im alten Griechenland war der Pädagoge ein gelehrter Begleiter des Kindes auf dem Weg in die Schule. Musikalische Wegbegleiter, seien es nun Eltern oder Lehrer, sollten ihren Schritt den kleinen Schritten des Kindes anpassen. Wenn nicht, so kann die musikalische Erziehung einem Hintersichherziehen gleichen, das nichts als Widerstände und Bremsmanöver auslöst. – Nur im stetigen und langsamen Gehen zeigen sich die Schönheiten und Geheimnisse des Weges. Trotz Umwegen und Ruhepausen werden Wegbegleiter und Kind schließlich am Ziel ankommen, auch wenn dafür mehr Zeit notwendig ist. Diese Zeit ist kein Verlust, sondern ein Gewinn. Etwas Kostbares für die musikalische und menschliche Entwicklung des Kindes.

Die Entdeckung der Langsamkeit? – Jean-Louis Barrault hat einmal gesagt: »Das Beste, was wir dem heutigen Menschen schenken können, ist – *Zeit*.«

Bevor man beginnt, irgendein Instrument spielen zu lernen, sollte der Lernende – sei es ein Kind, ein Heranwachsender oder ein Erwachsener – bereits irgendeine Art der Musik geistig beherrschen, sie sozusagen in seinem Geiste bewahren, in seiner Seele mit sich tragen und sie mit seinen Sinnen hören. Das ganze Geheimnis des Talents und des Genies besteht darin, daß die Musik schon in seinem Gehirn ein volles Leben lebt, bevor der Lernende zum ersten Mal die Tasten berührt oder den Bogen über die Saiten führt. Das ist der Grund, weshalb Mozart als kleines Kind »sofort« Klavier und Geige spielen konnte.

Heinrich Neuhaus

Die Ansicht, daß Kinder nicht frühzeitig genug mit »Üben« anfangen können, gehört zu den vielen, anscheinend unausrottbaren Denkgewohnheiten, die keiner näheren psychologischen oder physiologischen Betrachtung standhalten. Man braucht nur den üblichen Entwicklungsgang und die späteren, in keinem Verhältnis zur aufgewendeten Zeit und Kraft stehenden, meist kläglichen Leistungen von Kindern mit früh gedrillten Händen zu verfolgen, um zu sehen, daß in den meisten Fällen das Gegenteil des Erwarteten, nämlich Verbildung, erreicht wird. Sechsjährige Wunderkinder haben auch nicht sechs Jahre lang täglich vier bis acht Stunden üben können, um die erstaunlichen virtuosen Leistungen zu erzielen, die wir von ihnen zu hören bekommen. Man wird sagen, das sind eben »Wunder«-kinder, und wir haben es mit »Durchschnitts«-kindern zu tun. Aber wer ahnt denn auch nur, wie viele Kinder täglich vom Wunder, das in ihnen ruht, durch die übliche Schulung herunter erzogen werden? Gingen wir andere Wege, würde uns sicher manche Leistung nicht mehr als Wunder erscheinen. (…) Wieviel leichter gehorchen die ausführenden Organe einer einzigen intensiven inneren Vorstellung, als noch so exakten und häufig wiederholten »geübten« Reflexionen oder von außen kommenden Befehlen. Ich habe erfahren, daß mit jedem Jahr, in dem ich die Entwicklung des Klangempfindungs-Klangerinnerungsvermögens konsequenter allem Technischen vorausgehen ließ und das Erarbeiten lückenloser durchführte, die Schüler für die Erreichung der gleichen Ziele weniger Zeit brauchten. Ganz entscheidend aber half für die Vereinfachung der Arbeit eine immer konsequenter durchgeführte Wendung, die zur Selbst-Erfahrung, zur Entspannung der durch die Musik in uns ausgelösten Spannungsvorgänge anleitet, bevor man sich bewußt für den Stoff, der diese Vorgänge auslöst, interessiert.

Heinrich Jacoby

Halb im Spaß, halb im Ernst, lernte ich die Bezeichnung der Klaviertasten und konnte schon bald mit dem Rücken zum Klavier angeben, aus welchen Noten sich ein beliebiger Akkord zusammensetzte, und sei er noch so dissonant. Danach war es ein Kinderspiel, die Tücken der Tastatur zu meistern, und bald schon war ich imstande, erst mit einer Hand, dann mit beiden jede Melodie wiederzugeben, die mir zu Ohren kam. — All das machte natürlich großen Eindruck auf meine Familie. Ich muß hier eingestehen, daß keiner in unserer Familie, eingeschlossen die Großeltern und sämtliche Onkel und Tanten, auch nur die geringste musikalische Begabung hatte. — Als die Familie entschied, es müsse mit meinem Talent etwas geschehen, war ich dreieinhalb Jahre alt.

Arthur Rubinstein

Üben heißt spielen

»Üb' doch richtig!« – Dieser Satz klingt mir bis heute in den Ohren. Als Kind ahnte ich bereits den Augenblick voraus, in dem er kommen mußte. Immer dann, wenn ich eben mal aus meinem Stück »heraushüpfte« und meine Finger kreuz und quer über die Klaviertasten tanzen ließ. Das ausgelassene Spiel mit Tönen machte mich froh. Schnell, laut – und ein bißchen schief mag es wohl geklungen haben. Nein, meine Klavierkindheit war nichts für gestrenge Ohren.

Aber was heißt überhaupt »üben«? Hat es nur mit nervtötenden Fingerübungen zu tun, gleicht es dem freudlosen Knobeln an einer Rechenaufgabe? Üben heißt spielen. Ich bin mir bewußt, daß dieser Satz im Grunde ein heißes Eisen ist. Sobald ein Kind anfängt, ein Instrument zu spielen, wird es »ernst«. Wir sagen »spielen« und meinen »üben«. Und dieses Üben heißt immer wieder dasselbe wiederholen, heißt durchhalten auf ein musikalisches »Später«, während dem »Jetzt« ein Teil der freien Zeit geopfert werden soll. Und das regelmäßig, jeden Tag.

Ich will vorsichtig sein, Eltern zu versprechen, sie könnten mit ein paar Tips und Tricks ihre Kinder dazu bringen, etwas gerne zu tun, was sie selbst nie gerne getan haben – oder wovon sie träumen, es zu tun, wenn sie selber nur die Gelegenheit dazu hätten. So klappt es mit aller Wahrscheinlichkeit nicht.

Alles, was ich tun kann, ist zu beschreiben, was passiert, wenn ein Kind auf seinem Instrument wirklich spielt, wie dieses Spielen auf seinen Körper, seine Seele und seinen Geist wirkt und welche Chancen sich für seine Entwicklung bieten.

Daß sich die alten Vorstellungen vom musikalischen Pauken, Ackern und Üben so lange und hartnäckig gehalten haben, muß wohl daran liegen, daß viele Erwachsene als Kinder selbst negative Erfahrungen gemacht haben. Diese Erfahrungen sind in unserer inneren »Checkliste« festgehalten. Nur zögernd werden sie gegen neue Erkenntnisse der Psychologie und Pädagogik ausgetauscht.

Ich selbst spüre, wie lange in mir dieser Satz »Üb' doch richtig!« nachklingt. Immer wieder drohe ich in die gleiche Falle zu tappen, von meinen Kindern und Schülern etwas zu verlangen, was dem eigentlichen Sinn von

Musik und Spiel zuwiderläuft. Es passiert mir, daß ich zwar die Zeichen bemerke, aber tief in mir nicht wahrhaben will, was sie bedeuten.

Das Kind am Klavier, eben noch interessiert bei der Sache, wird müde und unlustig. Der Blick schweift von den Noten ab, nach irgendwohin. Die baumelnden Beine setzen sich in Bewegung, als wollten sie weglaufen. Das Spiel der Hände stockt. Der Anschlag wird hart und unsensibel. Ein anderer Ton macht jetzt Musik! – Da hilft weder Aufmuntern noch Dampfmachen. Immer deutlicher klingt es aus dem kleinen Ländler von Franz Schubert

heraus: »Ich mag nicht mehr, ich mag nicht mehr ...« Blödes Klavier. Deckel zu. Aus!

Gründe für diese Unlust, für das, was eben aus diesem Kind gesprochen hat, gibt es viele. Sicher hängen sie mit einem Zuviel oder Zulang zusammen. Sicher ist auch, daß dieses Kind nicht gespielt, sondern das Üben als etwas sehr Mühsames empfunden hat.
Hätte es vielleicht noch etwas Geduld üben müssen, um zu erleben, was beim Musizieren auch passieren kann? Was eben noch Mühe machte, kann plötzlich einem Glücksgefühl weichen. Dasselbe Kind spürt, wie sein Körper

den Gesetzen des Klanges gehorcht. Feinste Bewegungen folgen dabei weniger dem Willen als vielmehr der musikalischen Vorstellung. Bewegungen, die vorher immer und immer wieder trainiert wurden, bekommen musikalischen Sinn. Das führt unmerklich dazu, daß der Mensch von der Musik selbst »bewegt« ist – und dies auch an den Zuhörer weitergibt. Was vorher stolperte und stotterte, wird weich und fließend. Es »klingt«. Ein hör- und spürbarer Unterschied zur vorher geschilderten Unlustreaktion.

Meist jedoch schenkt man der ersten Situation mehr Aufmerksamkeit. Man überlegt, wie sich die Unlust des Kindes über»spielen« läßt, zieht sämtliche Register bewährter pädagogischer Erfahrungen. Musikalische Arbeitshaltung scheint wichtiger zu sein als die Entdeckung von Chancen, die sich durch das *Spiel* bieten.

Kein Wunder, die strenge Trennung von *Üben* und *Spielen* hat in unserer Kultur eine lange Tradition. Während es eine Vielzahl von musikalischen Lehrmethoden und Instrumentalschulen gibt, die eben jenem Prinzip folgen, sind uns Möglichkeiten ganzheitlichen musikalischen Lernens eher noch fremd. Wenngleich uns inzwischen Kreativitätsforschung, Psychologie und Medizin mit ihren Argumenten zu

Hilfe kommen, fällt es vielen Eltern schwer, sich für eine lebendigere, mehr spielorientierte musikalische Entwicklung ihres Kindes zu engagieren.

»Bewährte« Beispiele, »abgesicherte« pädagogische Verfahren und große Vorbilder machen es uns nicht eben leicht, eingefahrene Wege und Denkweisen zu verlassen. Was geschieht, wenn wir einem lebendigen Prozeß Raum lassen, der sich »Spiel« nennt? Was, wenn wir es wagen, gegen den Strom zu schwimmen, anders, neu und quer denken? – Dazu sind Offenheit und Vertrauen notwendig. Aber auch das Wissen um die ursprüngliche Kreativität unserer Kinder und das Bewußtsein, daß die ihnen eigene Form des Lernens das Spiel ist. Eine sinnvolle Pädagogik kann darauf aufbauen. Sie wird nicht versuchen, gerade dieses mit den Mitteln der Musik wegzutrainieren.

»Musikerziehung setzt das Spiel fort, gibt Spielregeln für künstlerisches Tun«, so schreibt Karl Michael Komma. »Der Musiker genießt den Vorzug, die Spiele der Kindheit bis ins Alter fortsetzen zu dürfen. (...) Aus dem Spiel und dem durch die Regeln wachsenden Ernst der Kunst wird nicht ein autistischer, sondern ein geselliger Mensch, der im sozialen Miteinander viel bewirken kann.«

Üben, ein not-wendiges Übel?

Wohltuende Wirkung

Kaum eine andere Beschäftigung regt so vieles im Menschen gleichzeitig an wie das Musizieren. Augen und Ohren, Hände und Finger, Kopf und Körper sind an diesem Zusammenspiel beteiligt. Eine Vielzahl von verschiedensten Bewegungsformen, Reaktionsweisen, sinnlichen Wahrnehmungen, Gedankenprozessen und seelischen Empfindungen werden dabei ineinanderverflochten. Ein Wechselspiel zwischen innen und außen, zwischen Eindrücken und dem, was zum Aus-druck werden will, was von der Idee zur klanglichen Verwirklichung drängt. Bei Kindern bedeutet regelmäßiges Spiel auf dem Instrument immer auch ein ständiges Sich-Anpassen an veränderte körperliche und seelische Bedingungen. Diese sind durch Entwicklung und Wachstum ständig im Fluß. Das tägliche Musizieren begleitet so den inneren und äußeren Reifungsprozeß. Dadurch wird das Instrument zum »Freund«, dem man vieles »sagen« kann. Geduldig genug, um Kummer, Zorn, Trotz und Unverstandensein auszuhalten. Bereit, Übermut und Lebensfreude zu teilen. So entlädt und löst sich vieles, was sich oft erst durch inneren Druck und Stau seinen Weg suchen müßte.

Üben muß also nicht ein notwendiges Übel sein, eher, wenn man es zuläßt, ein wohltuendes, weil im wörtlichen Sinne not-wendiges, also not-wendendes »Übel«! Ein ganzheitlicher Prozeß, der sich positiv auf den kleinen Spieler auswirken kann, auf Konzentration und Lernverhalten, auf seelisches Gleichgewicht und eine »runde« Persönlichkeitsentwicklung. Wirkungen also, die über den rein musikalischen Bereich hinausgehen!

Kopf im Gleichgewicht

So handwerklich sich manches beim Musizieren auch anhören mag, es ist doch eine geistige Tätigkeit. Musizieren gilt denn auch als einzige geistige Tätigkeit, die es ermöglicht, den Entstehungs- und Entwicklungsprozeß in allen Einzelheiten wahrzunehmen und zu verfolgen. Jeder Lernschritt ist also

ein hörbarer Fortschritt, ein klingendes Ergebnis. Das spielende Kind spürt, wo es gerade steht.

Nicht zuletzt bietet das Lernen und Üben am Instrument einen wichtigen Ausgleich zu den Lernformen, wie sie meist in der Schule verlangt und trainiert werden. Man weiß, daß hier das Gehirn häufig einseitig strapaziert wird. Die Fähigkeiten der linken Gehirnhälfte sind gefragt: Denken, Logik, Abstraktion, verfügbares Wissen, Details und Fakten. Anders beim Spiel mit einem Instrument. Dieses wirkt auf *beide* Hemisphären anregend.

Die linke Gehirnhälfte (Notensymbole, strukturelles Erfassen, rhythmisches Gedächtnis …) ergänzt sich mit der rechten Gehirnhälfte, in der Empfindung, Klangsinn, Intuition und Kreativität ihren Sitz haben.

Fähigkeiten und Bewußtseinsformen der rechten und linken Gehirnhälfte

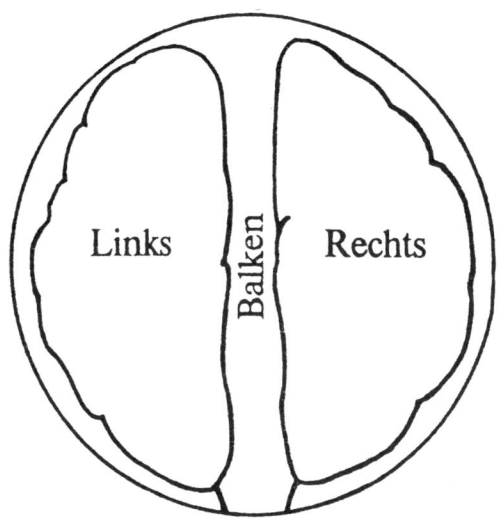

Die linke Gehirnhälfte

Sprache
Symbole
Intelligenz
Aufgaben erledigen

Rhythmus
Differenzierung von Details
und Fakten

Lesen
Schreiben
Rechnen
Zählen
Zeit

Die rechte Gehirnhälfte

Raumvorstellung
Formen/Muster

Intuition
Kreative Eingebungen
Tonales Gedächtnis
Ganzheitliches Denken
Gestalt

Musik, Gesang
Bilder
Gerüche
Mengen
Augenblick

Musikalisches Hand-Werk

Handgymnastik kann auch Hirngymnastik sein. Da die rechte Gehirnhälfte die linke Körperseite kontrolliert, und die linke Gehirnhälfte die gegenüberliegende Körperseite, können sich die intensiven Bewegungen der Hände beim Spielen aktivierend und ausgleichend auf beide Seiten des Gehirns auswirken.

Außerdem laufen über das Üben noch zahlreiche andere »Meldungen« zum Gehirn, die guttun. Ähnlich wie an den Füßen enden auch in den Fingern ver-

schiedene Energiebahnen (Meridiane) für die inneren Organe, die beim Üben stimuliert werden.

Versunken im Spiel

Wer ein musizierendes Kind beobachtet, wird zuweilen feststellen, daß es in sein Spiel regelrecht versunken ist. Musizieren wirkt in der Tat beruhigend. Hirnforscher haben festgestellt, daß das Gehirn während des Spielens keine anderen Einflüsse verarbeiten kann. Musikmachen bedeutet also auch eine Art *Meditation*. Oft fällt es Kindern jedoch schwer, diesen Versenkungszustand zu erreichen. Kein Wunder, es ist einfach zuviel los. Nebenan laufen Kassetten, der Fernseher flimmert, kleine Geschwister laufen durch den Raum. Jemand will endlich ungestört Zeitung lesen. Tausend und eine Ablenkung! – Oder ist da noch etwas anderes, was dem Kind die Ruhe nimmt: Erwartungen, Kontrolle oder Kritik der Erwachsenen?

Wenn das Musizieren und Spielen auf dem Instrument seine wohltuenden Wirkungen entfalten soll, brauchen Kinder in ihren Eltern sensible und aufmerksame Begleiter auf ihrem musikalischen Weg. Übungszeiten zu überwachen, Fehler festzustellen und

unermüdlich aufzufordern, das wäre zu wenig und zugleich zuviel. Auch das »Mitüben« in Gedanken kann sich störend auf Ihr Kind übertragen. Eher lohnt sich der Versuch des »gelassenen Lauschens«, wie es Heinrich Jacoby einmal nannte. Ein Sich-still-Verhalten, das sachliches Interesse nicht ausschließt. Vielleicht ahnen Sie dann als Zuhörer, daß es in der Musik etwas gibt, »von dem man sich vertrauend tragen lassen kann, das einen leitet, wenn man nur still genug ist« (Heinrich Jacoby).

Hilf mir, es selbst zu tun!

Erste Einstiege zum selbstbestimmten Üben

Noch einmal und noch einmal. Takt für Takt. Immer das gleiche. Bei aller Liebe zur Musik kann das Kindern und Eltern bisweilen zuviel werden. Damit das tägliche Üben den Spaß am Spiel nicht verdirbt, hier ein paar Vorschläge und Gedanken.

Das Instrument lädt zum Spielen ein

Hätte meine Schreibmaschine nicht einen festen Platz auf meinem Schreibtisch, bliebe wohl so manches ungeschrieben. Anfangen fällt Erwachsenen wie auch Kindern oft schwer. Was müssen manchmal für Vorbereitungen erledigt werden, ehe der erste Ton erklingt: Cello aus dem Koffer, Bogen spannen, mit Kollophonium einstreichen, Cellostachel am Stuhl festmachen, Notenpult aufklappen, Noten auspacken und auflegen … kein Wunder, daß das den Schwung zum Anfangen gewaltig bremsen kann. Überlegen Sie sich zusammen mit dem Kind, wo sie das Instrument am besten aufbewahren, bereit zum Spielen. Bei uns zu Hause war dies zum Beispiel eine Zeitlang das Schlafzimmer. Eine Art Schonraum für den aufgeklappten Notenständer und die Geige. Sicher genug, daß kleinere Geschwister oder Freunde nicht unbedacht nach dem musikalischen »Spielzeug« unserer kleinen Tochter griffen. Aber ich habe einen Notenständer auch schon in einer Badewanne stehen sehen. Hierhin zog sich Florian, ein kleiner Flötenspieler, immer wieder zum Spielen zurück. Klavierspieler haben es meist etwas leichter. Ihr Instrument hat einen festen Platz. Es steht dort und lädt zum Spielen ein. Allerdings steht es oft im Wohnzimmer, wo ständig etwas »läuft«, sei es das Radio, der Fernseher, das Telefon, der Hund oder der kleine Bruder. Es lohnt sich darüber nachzudenken, wie man »einladende« Situationen schaffen kann, die den spontanen Einstieg zum Spielen unterstützen.

Üben – das Spiel mit der Zeit

Jedes »Nocheinmal« kann zur Qual werden, kann einen familiären Kleinkrieg entfesseln, wenn der Zeitpunkt fürs Üben ungünstig gewählt wurde. Ungünstig kann für Ihr Kind bereits heißen, wenn draußen die Sonne scheint oder der Freund wartet. Aber auch, wenn es müde und unlustig von Schule oder Hausaufgaben ist.

Es gilt also herauszufinden, wie das tägliche Spiel am günstigsten in den Tagesrhythmus »eingebaut« werden kann. Auch die Zeitdauer ist wichtig. Ein altes Yoga-Prinzip lautet: »Jeden Tag zur gleichen Stunde die gleiche Zeitdauer!« Ob eine Viertel-, eine halbe oder dreiviertel Stunde, das hängt ganz von Ihrem Kind ab. Von seinem Alter, seiner Neigung, seinem Durchhalte- und Konzentrationsvermögen. Und sollte mal was dazwischenkommen: auch eine kürzere Zeitspanne ist wirkungsvoll. Wirkungsvoller jedenfalls, als längeres Üben nach ein paar Tagen Pause.

Jüngere Kinder bevorzugen jedoch oft eine ganz andere Art des Übens. Sie teilen sich die Zeit lieber auf. Ähnlich wie nach ihrem Spielzeug greifen sie immer wieder zu ihrem Instrument. Vorausgesetzt, es ist zum Spielen bereit und greifbar. Der spontane Zugriff unterstützt den Impuls zum selbständigen Üben. Außerdem richtet sich hier die Aufmerksamkeit des Kindes zwar kurz, aber um so intensiver auf das Spiel. Längeres Stillsitzen und gequältes Durchhalten bringen gerade für die Jüngsten meist nur Ablehnung und Verdruß mit sich. Besonders günstig wirkt sich eine kurze Spielzeit abends vor dem Zubettgehen und morgens nach dem Aufstehen aus. Eine ungewöhnliche Vorstellung? – Warum sollten wir nicht starre Standardvorstellungen vom Üben, wie sie uns als Kindern noch gepredigt wurden, überdenken und uns statt dessen in die musikalischen Bedürfnisse und den Lebensrhythmus unseres Kindes einfühlen? Das Ergebnis wird spürbar und hörbar sein!

Wieviel »Spielraum« braucht ein Kind beim Üben?

Es gibt Musiklehrer, die erwarten und voraussetzen, daß Eltern mit ihren Kindern üben. Ständiges Überwachen und Kontrollieren löst jedoch Übeprobleme nicht immer. Im Gegenteil, es werden Probleme geschaffen. Nicht selten entstehen dadurch familiäre

Konfliktsituationen, die Kindern und Eltern den Spaß an der Musik verderben können. Kinder werden abhängig, wo sie sich eigentlich entfalten sollten. Wo sich Spiel-räume öffnen könnten, werden sie beschränkt.

Ziel eines guten Musikunterrichts muß sein, daß Kinder die Chance bekommen, selbständig zu lernen. Daß sie das, was sie sich während einer Woche erarbeiten und er-spielen sollen, mit der Zeit auch ohne Hilfe von außen, also alleine, schaffen.

Unterstützung von seiten der Eltern kann in diesem Sinne nur Hilfe zur Selbsthilfe sein. Allerdings bedeutet dies zunächst einmal das Wahrnehmen der eigenen Grenzen. Wer hat schon das fachliche Wissen, um dem Kind wirklich bei Problemen helfen zu können? – Andererseits gilt es jeden Impuls wahrzunehmen, der auf ein eigenverantwortliches Arbeiten beim Kind hindeutet. Zuviel Emotion, häufige Aufforderungen oder vorwurfsvolles Fragen lähmen oft jede Eigeninitiative und provozieren Widerspruch und Widerstand. Es genügt, in der Nähe zu sein. Ihre Aufmerksamkeit und Ihr liebevolles Interesse schaffen die positive Atmosphäre, die Ihr Kind zum Lernen braucht. Ein Spiel-raum, in dem sich der Spaß am Spiel, aber auch selbständiges Lernen entfalten können.

Neben dieser äußeren Unterstützung durch die Eltern brauchen Kinder auch Regeln, die eine Organisation und Systematisierung des Übens ermöglichen. »Spiel«-Regeln werden am ehesten ernstgenommen und eingehalten, wenn Kinder diese selbst gestalten können. Sich absprechen, das Abgesprochene in eigenen Worten oder – falls das Kind noch zu klein ist – im Bild festzuhalten, stärken das Gefühl von Verantwortlichkeit.

Hierzu ein paar Anregungen:

Die erste Zeit am Instrument ist besonders günstig, Zeiten für das tägliche Spiel herauszufinden und festzulegen. Neugier und Begeisterung sind groß. Ihr Kind ist offen und bereit, Ziele ins Auge zu fassen, Abmachungen und Spielregeln zu gestalten und zu akzeptieren. Die ersten kleinen Erfolge werden sich denn auch bald zeigen. So entsteht mit der Zeit die Motivation zum Spielen immer mehr aus dem, was es gerade spielt, dem musikalischen Stoff selbst.

Der Lehrer. Wenn's ums Üben geht, hat er als außenstehende Person erheblich mehr Einfluß als Vater oder Mutter. Regeln, die das tägliche Spiel betreffen, sollten unbedingt zwischen ihm und dem Kind vereinbart und abgesprochen sein. Allerdings ist es sinnvoll, wenn die Eltern dabei sind. Denn sie werden wohl immer wieder ihr Kind an die abgesprochenen Spielregeln erinnern müssen. Das Suchen, Finden und Einhalten von Regeln ist etwas, das mit viel Sensibilität angeregt und begleitet werden sollte.

Selbständiges Üben will geübt sein

»Der beste Lehrer ist der, der dem Schüler beibringen kann, wie er übt.« Das sagte mir einmal einer meiner Lehrer. Kinder, die genau wissen, was und wie sie üben sollen, werden daheim leichter damit zurechtkommen.

Kleine Schritte. Das Üben fällt Ihrem Kind leichter, wenn es vom Lehrer ein klar umrissenes Programm mit nach Hause bekommt. So kann es in kleinen täglichen Üb-Schritten das Ziel für die nächste Unterrichtsstunde erreichen. Vielleicht kann das Kind sogar selber versuchen, sich diese Schritte zu notieren. So merkt es sich besser, was getan werden soll.
Oft sind auch die Instrumentalschulen so gestaltet, daß die Kinder zu Hause systematisch danach arbeiten können.

Teilen Sie dem Lehrer mit, wie Ihr Kind mit dem Aufgabenpensum zurechtkommt, ob es sich eventuell unter- oder überfordert fühlt.

Mit Farben oder Aufklebern können schwache Stellen optisch hervorgehoben werden. (Aufkleber haben den Vorteil, daß sie sich versetzen lassen und dadurch immer aktuelle Schwachstellen aufzeigen!) – Was während der Unterrichtsstunde verbessert wurde, markiert sich das Kind selbst. So werden falsche Fingersätze, Notenfehler oder nichtbeachtete dynamische Zeichen nicht noch einmal eine Woche lang »geübt«. Es ist schwer, solche eingefahrenen Problem-Stellen wieder auszubügeln.

Üb-Puzzle. Wenn manche Kinder ganz bestimmte Stellen systematisch üben sollen, fühlen sie sich oft überfordert. In ihren Augen, für ihre Ohren genügt es, wenn sie das Stück einigermaßen beherrschen. Wenn Sie das Stück kopieren, lassen sich schwierige Stellen herausschneiden. Diese werden in ein Heft oder auf ein Blatt Papier geklebt und gesondert geübt.

Spiel-Uhr. Eine Uhr bewirkt bei manchen Kindern oft wahre Wunder. Mit einem Wecker lernt das Kind, sich seine Übe-Zeit einzuteilen. So können einzelne Lernschritte und Aufgaben in kurze Zeitabschnitte gegliedert werden. Zehn Minuten dies, zehn Minuten das … und am Ende ist im Handumdrehen eine volle halbe Stunde daraus geworden!

Schaffe dir angenehme Bedingungen zum Üben. Wenn du zu etwas Lust hast, wirst du es einrichten, daß du auch Zeit dafür hast. Aber wenn du Zeit für etwas hast, hast du deswegen noch lange nicht Lust dazu …

Üben beginnt immer in der Stille, innen, außen, unhörbar.

»Begrüße« dein Stück bei Beginn des Übens und »verabschiede« es zum Schluß.

Francis Schneider

Die eigene Sprache tastend und spielend entdecken

Spiel – eine Form der Hingabe

Eigentlich ist der Unterschied gar nicht so groß zwischen Ball und Klavier. Der bunte Ball kann Ihr Kind so gefangennehmen, daß es nichts anderes mehr um sich herum wahrnimmt. Hingegeben an das Spiel ist es konzentriert, gespannt und locker zugleich. Der Zuschauer mag sich da oft fragen, wer spielt eigentlich mit wem? Das Kind mit dem Ball oder der Ball mit dem Kind? Impulse springen wie Funken von einem zum andern. Ballgefühl – von wem hat Ihr Kind das gelernt? Aus sich selbst? Vom Ball?

Der Ball bzw. das Instrument als Lehrer – vielleicht eine Vorstellung, an die man sich erst gewöhnen muß.

Im täglichen Spiel mit dem Instrument passiert tatsächlich so vieles, daß es sich lohnt, diesem Gedanken nachzugehen. Zunächst weckt das Instrument Begeisterung in Ihrem Kind. Es nimmt seine Neugier und sein Interesse gefangen. Für Leonard Bernstein eine wichtige Bedingung zum Lernen: »Nur aus Enthusiasmus kann Neugierde entstehen, und nur, wer neugierig ist, besitzt den Willen zu lernen.« Spielend wollen Kinder ausprobieren und erkunden, wollen horchend und tastend die eigene Sprache finden. Aus Berühren wird Spüren. Sinnliche Eindrücke wandeln sich in musikalischen Ausdruck. Ein Wechselspiel, das die besten Voraussetzungen bietet, Spielweise, Klang- und Ausdrucksmöglichkeiten des Instruments zu entdecken. Kein ängstlich verkrampftes Aufpassen, statt dessen Konzentration und Hingabe. Eine elementare Voraussetzung, die eigene Sprache zu entwickeln.

Ich denke an Richard, ein sehr musikalisches Kind. Früh hat er mit dem Instrumentalunterricht begonnen. Trotzdem bleibt der Erfolg aus. Es kann keines seiner kleinen Stückchen fließend spielen. Es holpert und stockt. Scheinbar ohne Grund. Die Finger gehorchen ihm nicht. Lehrerwechsel. Er spielt mir vor. Ich nehme ihn als meinen Schüler auf – und nehme mir gleichzeitig vor, hinter das Geheimnis zu kommen.

Eines Tages stehe ich vor der Tür des Musikzimmers. Richard spielt leise vor sich hin. Er phantasiert. Ich traue meinen Ohren nicht. Es klingt zwar schüchtern, aber fließend, ohne Stottern, ohne Stolpern. Als mich Richard bemerkt, bekommt er rote Ohren. »Solche Musik darf ich zu Hause nicht spielen. Meine Eltern mögen das nicht.«

Richards Eltern haben ihre eigenen Vorstellungen von Musik. Deshalb haben sie auch kein Ohr für das, was ihr Kind beim Spielen sagen will. Mit eigenen »Worten«, mit eigenen Tönen. Kein Wunder, daß Richard stottert, daß seine Finger ungeschickt sind. Wenn Kinder etwas von der wohltuenden Wirkung des Spielens erfahren sollen, brauchen sie uns Erwachsene als einfühlsam horchende Partner, als therapeutisch denkende Menschen.

Wichtig ist vor allem die erste Zeit am Instrument. Von diesem Einstieg hängt es ab, ob und wie ein Kind seine musikalische Sprache entwickeln kann. Wie war es denn, als unser Kind sprechen lernte? Waren nicht sinnliche Eindrücke, Neugier und zärtliche Zuwendung die ersten Schritte zur Verständigung? Auch der Beginn einer Freundschaft mit dem Instrument, sei es Flöte, Geige, Klavier oder Schlag-

zeug, ist von spontaner Neugier und Zuwendung abhängig. Erste schüchterne Versuche, Töne, Klänge …

»…Klavier, was willst du von mir? Wie tastend muß man sein, um den Tastenwiderstand, zum Beispiel beim Klavier, im Kontakt zu überwinden und auszuprobieren, wo überall Tasten liegen, die man braucht, um die Klänge jener Melodie zum Klingen zu bringen, die man ›im Ohr‹ hat.« Was Heinrich Jacoby über das Klavier sagt, gilt auch für jedes andere Instrument. – So kann ganz allmählich der musikalische »Wort«-Schatz wachsen. Ganz gleich, ob das Kind Eigenes zum Ausdruck bringt oder das spielt, was große Komponisten geschrieben haben. Es wird dabei weniger am Stoff selbst haften, als sich vielmehr daran orientieren können, was in ihm selbst passiert, was Musik in ihm wachruft. Statt einseitig nur auf »Qualität und Quantität isolierter Stoffausschnitte zu achten«, kann es sich statt dessen daran gewöhnen, »Spannungsbeziehungen, Funktionen und Relationen musikalischer Inhalte bewußt zu empfinden – und selbst gestalten«. (Heinrich Jacoby)

Auf diese Weise wird ein Instrument zum Spiel-Freund. Ein Freund, dem man vieles sagen kann, sogar das, was man nicht wagt, auszusprechen. Der kleine Kummer, die große Freude, der Zorn über das verpatzte Diktat in der Schule. Dieser Freund hat immer Zeit. Er hat Geduld und wartet. Und er gibt Antwort, lacht das Kind aus einem Mozart-Menuett an, tröstet es mit ein paar Worten des alten Johann Sebastian Bach, springt aus einem Boogie-Woogie heraus oder hüpft ihm aus Bartoks Kinderliedern entgegen. Solche Antworten verstehen Kinder nicht nur mit den Ohren – auch mit der Seele.

Die Musik ist die Kunst des Klanges. – Sie gibt keine sichtbaren Bilder, sie spricht nicht in Worten und Begriffen. Sie spricht nur in Klängen. Aber sie spricht ebenso klar und verständlich wie Worte, Begriffe und sichtbare Bilder.
Heinrich Neuhaus

Aber man muß auch ein kleines Volkslied mit einem Finger so spielen können, daß alle Menschen in einem großen Saal dadurch still werden. Damit fängt Musik an!
So könnte alles Musizieren verlaufen, wenn die Auseinandersetzung mit dem Phänomen am Beginn des Sicherarbeitens der Beziehung zur Musik – aber auch zur Sprache stünde.
Heinrich Jacoby

Der »innere Lehrer«

Die Chance, aus Fehlern zu lernen

Entdeckendes Spiel ist nicht nur für den ersten Anfang am Instrument wichtig. Es sollte zu einer musikalischen Grundhaltung werden. Ihr Kind er-spielt sich vieles, was es braucht selbst – und lernt gleichzeitig. Dieses Sich-selbst-Erspielen schließt Fehler mit ein. Heinrich Jacoby meint: »Am Falschen erkennen, was das weniger Falsche und schließlich, was das Richtige ist.« Wo bietet sich unserem Kind die Chance, aus Fehlern lernen zu dürfen? Sowohl im Elternhaus als auch in der Schule sind diese Möglichkeiten stark eingeschränkt. Beurteilungen und Zensuren engen das eigene Suchen ein, Personen von außen versuchen den »inneren Lehrer« zu ersetzen durch Kontrollieren, Korrigieren und Bewerten. Wie sollen Kinder so mit Herz, Hand und Kopf ganzheitlich lernen können? Wie sollen sie im Lernprozeß zu aktiv Handelnden werden? Jean Piaget schreibt einmal: »Alles, was man dem Kind beibringt, kann es nicht mehr selbst entdecken.« Akribisches Lehren und Lernen kann mit der Zeit jede Motivation eines zunächst musikbegeisterten Kindes im Keim ersticken. Es wird kreative Prozesse empfindlich stören bzw. ganz verhindern. Wir wissen inzwischen genau, wie diese ablaufen müssen: Vorbereitungsphase, Suchphase, Lösungsphase und Verwirklichung.

Lassen wir unseren Kindern die Chance des Suchens? Geben wir ihnen die Möglichkeit, aus mehreren Lösungen die beste selbst herauszufinden? Erstaunlicherweise scheint dies auch dort selten möglich, wo es natürlich und sinnvoll wäre – im Musik- bzw. Instrumentalunterricht. Auch hier gelten oft die Regeln, die sich an den Leistungen des Kopfes orientieren, wie sie etwa an Schulen praktiziert werden. Alle Stationen, die kreative Gestaltungsprozesse verlangen, sind bereits vorweggenommen und durch Anweisungen des Lehrers oder engmaschige Lerneinheiten in einem Unterrichtswerk verplant. –

Tägliches Üben soll und muß jedoch eine Alternative sein.

Ein Freiraum, in dem Ausprobieren und Experimentieren möglich sind, in

dem dem Schüler Zeit gelassen wird, nach dem »Wie« und »Warum« zu suchen, Zeit, um Lösungen herauszuarbeiten, Zeit, um sie zu festigen. Svjatoslaw Richter meinte einmal, für ihn sei eine schwierige Stelle nur eine Zeitlang schwer. Das heißt, daß er dem suchend und experimentierend auf der Spur bleibt, was sich als Problem herausstellt. Also möglichst kein stures Wiederholen, kein »Absitzen« der Übezeit, was sich beides oft nur als »Vertagen« des Problems auf ein »Später« herausstellt. Eher eine Arbeitsweise, die dem Ausprobieren und Suchen genausoviel Zeit läßt wie dem anschließenden Festigen des Gelernten. Solche kreativen Lernprozesse verlangen Phantasie.

Ein Kind hat diese Phantasie. Darauf können wir Erwachsenen vertrauen.

»Je mehr das Kind noch bei sich ist und auf Probieren aus ist, je selbständiger es hat aufwachsen dürfen, desto gewisser wendet es sich an den Lehrer, den es selbst mitbringt, nämlich seine eigenen Ohren! (…) So hört jedes Kind besser, als irgendein Lehrer ihm sagen könnte, ob etwas falsch ist, und bald auch *was* falsch ist! (…) auch die Sprache der Musik muß man sich erstottern und erstammeln dürfen, das heißt ausprobieren dürfen.« (Heinrich Jacoby)

Natürlich ist es nicht immer leicht, aus Fehlern »klug« zu werden. Gerade die komplizierten Bewegungsabläufe, wie sie das Instrumentalspiel erfordert, verlangen eine schnelle Reaktion auf Fehler. Fehler, die einmal längere Zeit »geübt« sind, machen sich immer wieder bemerkbar, funken unerwartet dazwischen. Ehe man sich versieht, sind sie »gelernt«. Dieses soll und muß verhindert werden, möglichst durch eine unmittelbare und rasche Reaktion auf den Fehler, besonders in der Anfangsphase eines neuen Stücks. Meist kommen die Reaktionen von außen, das heißt vom Erwachsenen, entweder vom Lehrer oder von den Eltern. Entscheidend ist jedoch das »Wie«. Wer im Fehler nichts anderes als den falschen Ton hört, wird in der Regel auch entsprechend negativ reagieren. Geht man jedoch davon aus, daß Fehler ein Verhalten anzeigen, das sich steuern und

beeinflussen läßt, fällt die Reaktion wahrscheinlich ganz anders aus. Fehler wollen etwas »sagen«. Sie sind das Ergebnis von etwas, das weder vom Ohr noch von den Fingern verursacht wurde. Allein das Gehirn ist dafür verantwortlich. Die Aufforderung an das Kind, selbst nachzudenken, nach dem »Warum« zu suchen, wird es anspornen, immer wachsamer seine Fehler wahrzunehmen, zu horchen und zu reagieren und selbst herauszufinden, was genau der falsche Ton ihm »sagen« will. Es gilt den »inneren Lehrer« zu aktivieren. Er allein kann bewirken, daß ein Kind aus seinen Fehlern lernt.

Kinder, die auf diese Weise beim täglichen Üben ihre schöpferischen Kräfte »spielen« lassen können, entwickeln meist wie von selbst ein natürliches Gespür für das, was sie spielen, bzw. für ihr Instrument. Alles andere, was im Lauf der Zeit an musikalischem Wissen und Spieltechnik auf sie zukommt, können sie in einem lebendigen Prozeß des Suchens und Gestaltens verarbeiten. Der »innere Lehrer« wird es verhindern, daß sie kritiklos standardisierte musikalische Muster übernehmen oder ihre musikalische Phantasie der Routine opfern.

Sprich mit dir beim Üben. Gib' dir Befehle, kommentiere den Verlauf, beschreibe deine Absichten – sei dein eigener Lehrer!

Francis Schneider

Auch die größten schöpferischen Leistungen sind auf Grund der Bereitschaft entstanden, am Irrtum, am Nichtzutreffenden das Zutreffendere zu entdecken.

Heinrich Jacoby

Bewegungs-Phantasie statt technischer Drill

Einseitiger Finger»sport«, eine musikalische Unterforderung

Sicher werden an dieser Stelle manche Leser fragen: Wird sich ein Kind, das sich beim Spielen solche »Freiheiten« herausnimmt, die sogar das Lernen aus Fehlern mit einschließen, nicht viel zu lange im Vorfeld des eigentlichen Lernens aufhalten? Kommt dabei nicht vieles zu kurz? Werden nicht kostbare Energien und vor allem auch Zeit verspielt? Was Hänschen nicht lernt … Mein Kind muß »am Ball« bleiben! Gewiß, auch beim Ballspielen kommt es auf körperliche Kondition an. Auf das Üben und Trainieren bestimmter Bewegungen und Reaktionsweisen. Auf Disziplin und Durchhaltevermögen. – Vieles, was für den sportlichen Bereich gilt, läßt sich auch auf die Geige, die Trompete oder das Klavier übertragen. Aber warum geht im Vergleich zwischen Ballspiel und Klavierspiel so viel an pädagogischer Leichtigkeit verloren? Weil Kunst etwas Ernstes und nur für Ernsthafte ist? Spiel dagegen »nur« Spiel? Wer beweist jedoch, daß Spiel, in seiner Grundbedeutung verstanden, nicht großen Ernst in sich trägt? Und wer kann erklären, warum das Spiel auf dem Instrument grundsätzlich andere, strengere Methoden braucht?

Volker Biesenbender schreibt in seinem Buch *Von der unerträglichen Leichtigkeit des Instrumentalspiels*: »Warum durften wir selber als Kinder nicht Geigespielen lernen wie wir Breiessen, auf Bäumeklettern, Fahrradfahren und Crawlschwimmen lernten? – Gibt es bei zunehmender Kompliziertheit der Bewegungen eine Art Quantensprung, von dem aus eine völlig andere Verfahrensweise notwendig ist?«

Technik und Training kann niemals musikalischer Selbstzweck sein. Der kleine Fingersportler im Kind wird sich zwar oft in seinem Ehrgeiz herausgefordert fühlen. Wenn jedoch der schöpferische Funke, der musikalische Gedanke, sein Spiel nicht mehr durchdringt, wird es früher oder später zu hören sein. Bereits Robert Schumann warnt vor einseitigem Finger»sport«: »Du sollst Tonleitern und andere Fingerübungen fleißig spielen. Es gibt aber viele Leute, die meinen damit alles zu erreichen, die bis in ihr hohes Alter täglich viele Stunden mit mechanischem Üben hinbringen. Das ist ungefähr so, als bemühe man sich täglich, das ABC möglichst schnell und immer schneller auszusprechen. Wende die Zeit besser an.«

Täglich musikalisches ABC zu buchstabieren, wäre in der Tat eine Unterforderung für ein Kind. Es hat mehr mit musikalischem Nützlichkeitsdenken zu tun als mit den Gesetzmäßigkeiten des Phänomens »Spiel«. Starre Festlegungen auf das »Was« verhindern oft die Frage nach dem »Wie«. Wie viele Fragen nach dem »Wie« aber kann eine einzige Tonleiter aufwerfen!

Das »Wie« bezieht sich ganz speziell auf dieses eine Kind, seine körperlichen und geistigen, musikalischen und persönlichen Voraussetzungen. Damit sich dieser Schüler frei und ohne allzu große oder gar falsche Zwänge entwickeln kann, braucht es den Lehrer, der nicht die Imitation seiner selbst zum obersten pädagogischen Prinzip erhebt, der nicht nur das weitergibt, was er von seinem eigenen Lehrer und dieser wieder von seinem Lehrer gelernt hat. Solches musikpädagogisches »Großvaterdenken« verhindert immer noch auf verhängnisvolle Weise neue Wege und Möglichkeiten des Lehrens und Lernens. Wenn es beispielsweise einem Glenn Gould glückte, eine atemberaubende Technik zu erwerben – und das bei abgewinkeltem Handgelenk (er saß auf einem niedrigen Stuhl mit abgesägten Beinen) –, so heißt das nicht, daß daraus eine Lehre gemacht werden kann. Jeder andere Spieler, der solches begeistert imitiert, würde mit hoher Wahrscheinlichkeit an physiologische Grenzen kommen, die ihn zwingen würden, mit dem Spielen ganz aufzuhören.

Beeindruckende technische Leistungen von immer jüngeren Schülern mögen manchen Eltern imponieren. Wer kennt jedoch die immer höhere Zahl von Kindern, die frustriert aufgeben oder nach vielversprechenden Erfolgen als Kinder und Jugendliche wegen Spielschäden ein Musikstudium abbrechen müssen?

Eine gute Spieltechnik sollte, so formuliert es der Pianist Bernhard Böttner, »funktional richtig, zweckmäßig und ökonomisch sein«. Sitzhöhe, Körperhaltung, Handhaltung – und nicht zuletzt das freie Spiel des Atems spielen dabei eine wichtige Rolle. Das komplizierte Zusammenwirken unbewußter, automatisierter und bewußter Vorgänge, die Steuerung und Koordinierung von Impulsen und Reflexen,

das Spiel zwischen Spannung und Entspannung läßt sich auch bei der ausgefeiltesten Methode nicht nur rein handwerklich, genau und gut dosiert einem Kind vermitteln. Bei der Frage nach dem »Wie« ist der Lehrer immer auch auf das Kind selbst angewiesen, nicht nur auf sich und seine Methode. Je offener er es wahr- und ernst nehmen kann, um so besser wird sich die Zusammenarbeit gestalten. Leichtigkeit und fließende Bewegungen, entspannte Haltung und Gleichgewicht erfordern nämlich so etwas wie »körperliche Intelligenz«. Sie stellt sich im

Spiel spontan ein, verkümmert jedoch schnell, wenn von außen ständig Festlegungen und starre, bis ins kleinste Detail geplante Bewegungsvorschriften kommen. Hilfe, Kontrolle und Rat des Lehrers sind zweifellos notwendig. Sie sollten jedoch nicht dieses innere Wissen des Kindes blockieren. Der intuitive Rückgriff darauf ermöglicht es ihm, während des Spiels Bewegungsenergien freizumachen und so zu reagieren, wie es die Musik und der eigene Gestaltungswille verlangen. Unverkrampft und ohne Angst. Ähnlich wie Klangphantasie wird sich im Laufe der Zeit auch »Bewegungs-phantasie« (Biesenbender) entwik-keln, dem Instrument und dem eigenen Organismus angepaßt.

Welche Freude, wenn Ihr Kind während des Spiels entdeckt, daß nach langem Ausprobieren endlich die Finger dem Ohr ge-horchen! Wenn es staunt, daß eine Stelle sich »wie von allein« spielt! Wenn ein Sprung wie im Traum gelingt oder eine Holterdipolter-Stelle anfängt zu klingen!

Die Methode des »Drills« ist überhaupt eine ziemlich schlechte Methode, aber einen talentierten Menschen zu drillen, ist einfach sträflich. Das Bestreben, bei einem begabten Schüler eine Kopie dessen zu erreichen, was der Lehrer denkt und tut, ist weder des einen noch des anderen würdig.

Heinrich Neuhaus

Die größere Korrektheit und Kontrolle, die erreicht wird, ersetzt nicht den Mangel an Inspiration, hat aber verhängnisvolle Folgen für das Musizieren ...

Wilhelm Furtwängler

Musikerziehung ist nicht Dressur. Ein schreckliches Mißverständnis führt zur Verwechslung der Musikerziehung mit dem Training im Hochleistungssport. Auch der dem Beruf Zustrebende sollte kein Champion sein, der ständig in Sorge ist, seine Führung wieder abgeben zu müssen. (...) Musikerziehung hat als eine der wichtigsten Aufgaben die Grenzen deutlich zu machen, die jedem Lernenden und Schaffenden gesetzt sind. Das Erreichbare ist das Ziel.

Karl Michael Komma

Üben mit Köpfchen

Wenn man seine Musik nur überallhin mitnehmen könnte! – Schon als Kind habe ich darüber gestaunt, daß der Pianist Walter Gieseking im Zug, im Auto, im Hotel »übte«, überall, wo er gerade war. Ohne Klavier, nur die Noten vor sich.

Auch andere bekannte Künstler, wie etwa Glenn Gould oder Nathan Milstein haben gezeigt, daß das Spielen auf einem Instrument zu einem großen Teil Gedankenarbeit sein kann. Sie beschäftigten sich erst intensiv in Gedanken mit einem Stück, bevor sie zu spielen begannen.

Mentales Üben hat in der Musik noch wenig Tradition, obgleich bereits Robert Schumann schrieb: »Die Finger müssen machen, was der Kopf will!« Im Sport dagegen wird diese Form des Trainings schon seit Jahren praktiziert. Vor allem sehr anstrengende Sportarten – zum Beispiel Kugelstoßen, Langstreckenlauf, Hochsprung oder Skislalom – profitieren davon. Hier ist eine Form des Trainings notwendig, die noch andere Kräfte mobilisiert als nur die des Körpers. »Wer keinen Kopf hat, der hat Füße«, heißt es in einem Sprichwort. Ein Langstreckenläufer, der es nur in den Füßen hat, wäre vom pausenlosen Trainieren vor dem Wettkampf ermüdet und erschöpft.

Im mentalen Training stellt sich der Sportler, entspannt und mit geschlossenen Augen, alle Einzelheiten vor, die ihn beim Wettkampf erwarten. Wenn möglich im Zeitlupentempo. Auf diese Weise verinnerlicht er den ganzen Bewegungsablauf, so daß er ihn später mühelos wieder abrufen kann. Dieses in Gedanken Durchspielen und Sichvorstellen wiederholt er immer wieder.

Für die Musik gilt noch immer der Grundsatz, daß man sie zwar nicht in den Füßen, aber doch wenigstens in den Fingern haben muß. Eine alltägliche Situation für kleine und große Instrumentalisten: zum zwanzigsten Mal derselbe Fehler an der gleichen Stelle. Es holpert, stolpert, stockt … Was ist der Grund? – Es fehlt an der Koordination der komplizierten Bewegungsabläufe, die das Gehirn im gewünschten Spieltempo nicht alle nacheinander steuern kann. Je gezielter wir solchen

Stellen unsere Aufmerksamkeit widmen, desto schwieriger werden sie oft, während andere Spieler dieselbe ohne Bemühen rein intuitiv bewältigen. – Also besser: Hände weg und mit dem Gehirn versuchen zu »üben«. Innehalten, die Augen schließen und sich in diese Stelle hineindenken.

Auch Kinder können bereits früh damit beginnen, sich in Gedanken mit ihrem Stück anzufreunden, ehe sie den ersten Ton spielen. Oder – falls sie es bereits »in den Fingern« haben, bestimmte Stellen und Zusammenhänge im Kopf zu »üben«.

Auch das *Auswendig-Lernen* eines Stückes kann in Gedanken erfolgen. Wer ein Stück nur mit den Fingern »auswendig« spielen kann, wird sich nie darauf verlassen können, daß es im Gehirn auch wirklich gespeichert ist. Jeder Spieler kennt den Augenblick, in dem ihm mal hier, mal dort »der Faden« reißt. Nur, was wir durchschauen, begreifen wir. Was unser Eigenes und Inneres geworden ist, kennen wir in- und auswendig. Der französische Begriff »par coeur« erinnert daran, daß Auswendig-Spielen auch eine Frage des Herzens sein kann.

Wenn Kinder ihr Stück lieben, bieten sich die besten Voraussetzungen, es in- und auswendig spielen zu können.

Alles, was uns bewegt, anrührt oder be-geistert, wird vom Langzeitgedächtnis zuverlässig gespeichert. Es läßt sich so jederzeit abrufen. Warum also sollten Schüler nicht mitreden dürfen, wenn es um die Auswahl ihrer Stücke geht? Vorausgesetzt, das gewünschte Stück liegt in dem Schwierigkeitsgrad, der zu schaffen ist.

Ob und wie Kinder ein Stück durchschauen, wie schnell sie sich das Ganze merken können, hängt im wesentlichen auch davon ab, auf welche Weise es ihnen vermittelt wird. Je vielfältiger, desto besser! Hören, sehen, mit den Händen spüren und fühlen, Zusammenhänge be-greifen und dafür eigene Worte finden … Wer mit allen Sinnen lernen kann, wird Neues im Gehirn auch zuverlässig mit dem bisher Gespeicherten verbinden und verknüpfen können.

Im folgenden einige Anregungen, wie Kinder – auch ohne Instrument – üben können:

- Ein Stück wird von den Noten abgelesen. Nur das »innere Ohr« horcht mit.

- Mit geschlossenen Augen stellt sich Ihr Kind das vor, was ihm zu seinem Musikstück einfällt. Eine Geschichte, eine Landschaft, Bilder … Auch das »Bild« des Notentextes versucht es sich vorzustellen und einzuprägen.

- Es »spielt« mit geschlossenen Augen. Ob es dem »roten Faden« des Stückes in Gedanken folgen kann? Das fällt zunächst leichter, wenn es leise dazu summt oder singt oder auch mit den Händen auf den Knien spielt.

- Wie könnte eine bestimmte Stelle bzw. das Stück klingen? Klangvorstellungen können nicht nur am Instrument selbst entwickelt werden. Das ständige »Machen« läßt oft dem inneren Ohr zuwenig Zeit. Entspannt, ruhig und mit geschlossenen Augen versucht das Kind, sich den »inneren Klang« zunächst vorzustellen und hernach auf sein Instrument zu übertragen.

- Stolperstellen, die immer wieder daneben gehen, sollten zur Abwechslung auch einmal im Kopf geübt werden. Ehe die Finger automatisch in die falsche Richtung laufen, werden vorher bereits in Gedanken die

Weichen gestellt. Langsam und immer wieder liest Ihr Kind dieselbe Stelle und stellt sich den Ablauf der Bewegungen im einzelnen genau vor. Am besten im Zeitlupentempo! Solches Üben spart Zeit!

- Je kleiner die Bausteine, desto leichter und besser merken sie sich. Sie können im Lauf der Zeit ganz allmählich zu größeren musikalischen Sinneinheiten zusammengefaßt werden. Baustein für Baustein ergibt schließlich ein Ganzes.

- Einstiege finden … Durch farbige Markierungen im Notentext bekommt das Kind eine Vorstellung, wie sein Stück »gebaut« ist. Wo wiederholt sich etwas, wo wird es verändert, wo ist ein Höhepunkt …? Solche Wegweiser führen beim Spielen durch das Stück. Man sollte sie im Kopf »abfotografieren«.

Ein Kind, das zu Lampenfieber neigt, kann vor einem Vorspiel sein Stück im Kopf noch einmal durch»spielen«, ähnlich wie ein Skiläufer seine Abfahrt. Entspannt und ruhig denkt es sich in die Vorspielsituation hinein. Zweifellos wird es sich auch vorstellen, wie es wohl ist, wenn es den Faden verliert oder einen Fehler macht. An dieser Stelle kann man ihm vorschlagen, tief zu atmen – und in Ruhe nach einem Gedanken zu suchen, der ihm Mut macht. Dieser sollte möglichst nicht überzogen und realitätsfern sein, sondern zum Kind und seinen Möglichkeiten passen. »Eigentlich freu' ich mich aufs Vorspielen, ich hab' schließlich mein Stück lange genug geübt.« Oder: »Wenn auch ein Fehler passiert, die Mama wird schon keine roten Ohren kriegen.« Oder: »Ich muß ja nicht der Beste, der Schnellste, der Größte sein, Musik ist schließlich kein 50-Meter-Lauf. Ich bin ruhig und spiele so schön, wie es mir eben gelingt.«

Wer mit seinem Kind solche Formen des Übens praktiziert, beginnt am besten mit einer kurzen Entspannung. Mentales Üben ist hochkonzentriertes Üben. Daher genügt eine Zeit von 5 bis 10 Minuten. Allerdings auch hier heißt das Geheimnis »Regelmäßigkeit«!

Last not least – warum sollten sich diese kostbaren Minuten des Entspannens und Konzentrierens allein nur auf das Spiel am Instrument auswirken? Kinder, die zu nervösem und unkonzentriertem Verhalten neigen, werden davon auch auf anderen Gebieten profitieren. Eine Wirkung, die jedoch nicht dazu verführen darf, den Musikunterricht oder bestimmte Methoden des Übens als Mittel zu nutzen, Kinder nicht nur musikalisch, sondern auch schulisch zu immer höheren Leistungen herauszufordern.

Man kennt die statistischen Spiele, die nachweisen sollen, daß schwache Schüler durch die Beschäftigung mit Musik bessere Noten (zum Beispiel in Mathematik) erzielten. Wer solche Gedanken konsequent verfolgt, macht aus der Musikerziehung eine Hilfslehre, die dem Leistungs- und Erfolgsdenken unterworfen wird. Sie kann aber nicht dazu mißbraucht werden, bessere Klassifikationen, größere Berufschancen oder gar mehr Macht zu erreichen. Das zentrale Anliegen der Musikerziehung ist die Musik selbst, die Erkenntnis ihres Wesens und ihrer Erscheinungsformen.

Karl Michael Komma

Viele Male »Noch einmal!«

Spielanregungen für die Jüngsten

Kinder, die noch nicht oder gerade eingeschult wurden, brauchen beim Üben Unterstützung. Nicht in Form der stereotypen Aufforderung »Noch einmal!«, eher in Worten und Ideen, die das Spielerische hervorheben. Es gilt das zu entdecken, was an Bildern oder Phantasie in den kleinen Stücken oder Übungen steckt. Vielleicht klettert da ein Affe, tappt ein Bär, macht ein Frosch die tollsten Sprünge. Vielleicht sollte das schnelle Stück einmal so geübt werden, als würde eine Schnecke kriechen. Überhaupt heißt »noch einmal« nicht »dasselbe noch einmal«! Jedes Mal kann anders klingen. Mal schnell, mal langsam, mal gesungen, mal geklatscht, mal gepfiffen oder getrommelt. Bei meinen eigenen Kindern wurde mir, der Musikpädagogin, immer wieder aufs neue klar, wie erfindungsreich Eltern oft sein müssen, wenn sie beim Üben der Jüngsten mit dabei sind.

Steinchen legen. In meiner Hand sind ein paar Kieselsteine versteckt. Nach jedem »noch einmal« lege ich ein Steinchen auf den Tisch. Kann man am Ende der Spiel-Zeit einen Kreis, ein Herz oder eine andere Figur daraus legen?

Wort-Rätsel. Jedes »Noch einmal« bekommt einen Buchstaben. Wie lautet das Wort, das nachher auf dem Papier steht? Mal ist's der eigene Name, mal Igel, Maus oder Bär – manchmal setzt sich sogar ein ganzer Satz zusammen: »Toll geübt!« oder »Weiter so!«

Musikerfinder-Spiel. Auf einem Blatt habe ich sechs große Notenlinien gezogen. Nach jedem »Noch einmal« malt das Kind eine bunte, dicke Note auf eine Linie. Nach dem Üben versucht es die Melodie abzuspielen. Wie klingt sie?

Lieder-Rätsel. Dasselbe läßt sich auch mit bekannten Kinderliedern machen. In diesem Fall werden die Noten vom Erwachsenen aufgemalt. Schon wenige genügen, und Ihr Kind wird das Lied erraten. Gemeinsam singen wir es, und Ihr Kind versucht nachher,

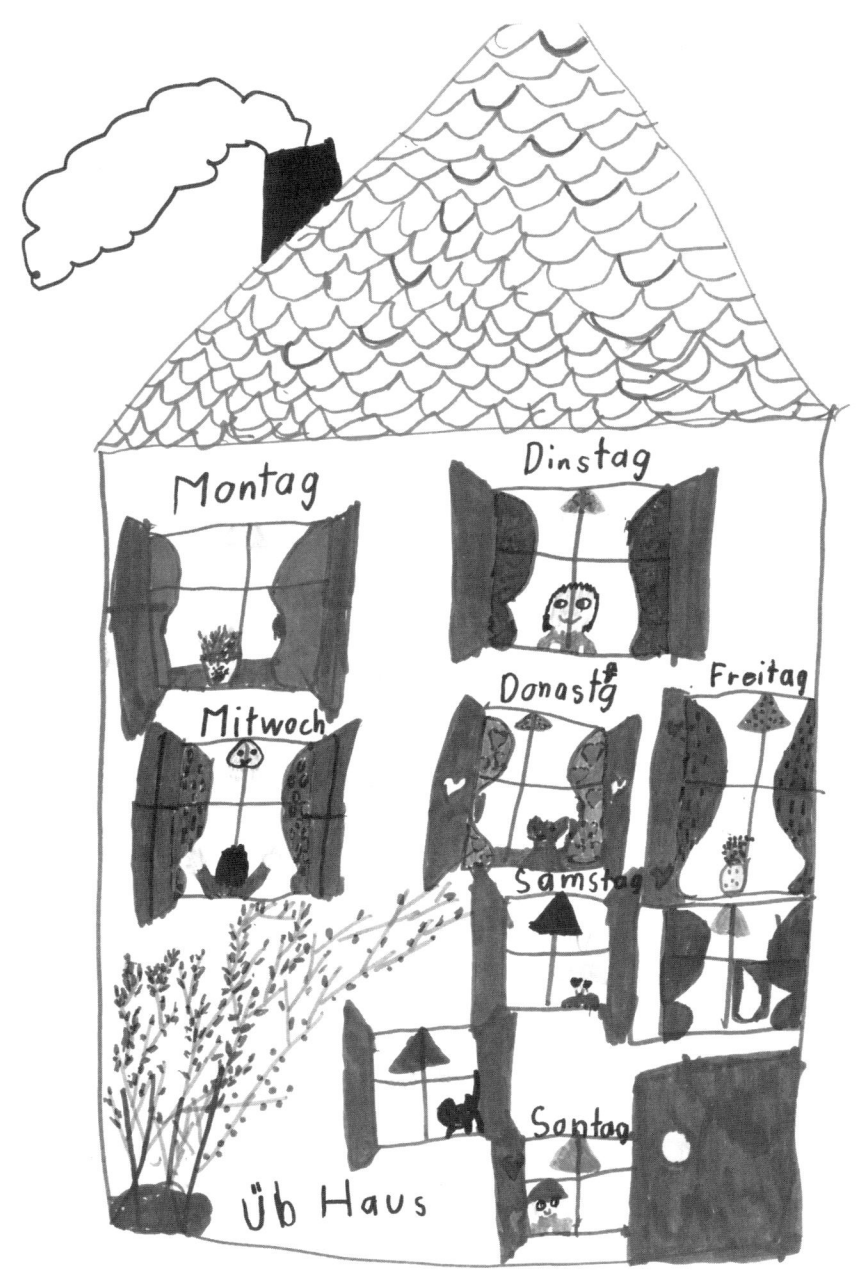

Gemalter Üb-Kalender

Anna, 6 Jahre

es nach dem Gehör auf dem Instrument zusammenzusuchen.

Üb-Kalender. Ich erinnere mich noch genau an das kleine, graue Oktavheft, in das mein Lehrer kleine (graue) Notizen machte. Meist konnte ich nicht einmal seine Schrift lesen. Das hieß, raten oder warten, bis mir es jemand vorlesen konnte.

Wesentlich bunter geht es in den Heften meiner kleinen Schüler zu. Sie sind groß und dick genug, so daß sie eine Zeitlang als musikalische Bilderbücher die Kinder begleiten können. – Die linke Seite ist jeweils für die Aufzeichnungen vorgesehen, die das festlegen, was bis zur nächsten Stunde erledigt werden soll. Entweder von mir geschrieben oder – was noch besser ist

– von den Kindern, sei es in Buchstaben oder Symbolen. Die rechte Seite bietet Platz für ein großes Bild. Dieses Bild hält fest, wie ausdauernd und oft das Kind geübt hat. Eine Art Üb-Kalender für jeden Tag:

Musikbaum: Da steht ein großer, grüner Baum. Wenn Carolin täglich geübt hat, werden in der nächsten Stunde dort so viele Schmetterlinge, Vögel oder Käfer sitzen, wie die Woche Tage hat.

Lichterhaus: Beim Üben geht dem kleinen Johannes manches »Licht« auf. In sein Hausaufgabenbilderbuch hat er die Umrisse eines Hauses gemalt. Täglich bekommt es ein hellerleuchtetes Fenster mehr.

Violinspieler, vorzüglicher – zum Vorspielen für meine Eidechse gesucht. Adele Süsskind, Hauptpost.

Christian Morgenstern

»Ich spiel' mit meinem Stück«

Phantasievolles Üben – kreatives Spiel

»Noch einmal …«, dieses Wort sollte nicht immer nur von außen kommen. Ein Kind, dessen Selbständigkeit sich im Üben behutsam und kontinuierlich entwickeln kann, wird einen inneren Impuls spüren. Es fühlt, daß musikalisches Spiel nie nur gleichförmiges Wiederholen sein kann. Eher eine faszinierende Entdeckungsreise, bei der es immer wieder neue, spannende und schönere Hörerlebnisse wahrnimmt und ausdrückt. – Insbesondere sehr kreative Kinder entdecken mehr Lust am Üben, wenn sie neben dem systematischen Üben viele Möglichkeiten haben, ihr Lernen, Üben und Spielen frei und phantasievoll zu gestalten. Die folgenden Vorschläge sind außerdem darauf angelegt, beide Gehirnhälften anzusprechen und zu aktivieren.

»**Mal was anderes!**« Jedes »Noch einmal« läßt sich auch abwandeln. Mal langsam, mal schnell, mal laut, mal leise, mal in verändertem Rhythmus, mal in einer anderen Tonart … Gut für die Finger, gut fürs Gehör – und vor allem gut gegen die Langeweile! So lernt es sich schneller. Das Gehirn erhält viele verschiedene Reize und speichert sie auf diese Weise bereitwilliger.

»**Komm, wir tauschen!**« Rollenwechsel spornt an. Wieso soll das Kind immer die Schülerrolle übernehmen? Wer als Erwachsener auch mal das Instrument des Kindes in die Hand nimmt und sich von dem kleinen Lehrer eine schwierige Sache erklären läßt, be-greift vielleicht manches. Ein Versuch lohnt sich!

»**Welches Instrument paßt zum Stück?**« Irgendwo findet sich in jeder Wohnung ein Instrument, mit dem sich das Stück, an dem Ihr Kind gerade übt, begleiten läßt. Zwei Steine, ein Glöckchen, ein knackender Blechfrosch … Falls Ihr Kind noch Probleme mit dem Halten des Taktes hat, helfen solche rhythmischen Zwischenspiele.

»**Ich kann mein Stück auch singen!**« Warum eigentlich nicht? Melodien prägen sich um so deutlicher ein, wenn

Ente und Fogel laufen über die Tasten.

Anna

sie auch gesungen und nicht nur abgespielt werden. Dies gilt vor allem auch für kleine Klavierspieler, die den Ton nicht selbst bilden müssen. Singen entspannt deutlich, wenn das Kind vom Notenlesen müde geworden ist. Es regt die andere, rechte Gehirnhälfte an. Bei mehrstimmigen Stücken kann die eine Stimme gesungen, die andere gespielt werden. Und das im Wechsel! Dabei kann auch derjenige mitmachen, der bisher nur beim Üben dabeigesessen ist.

»Mein Stück tanzt!« Stillsitzen strengt Kinder oft an. Dabei stecken so viele Bewegungsimpulse in der Musik. Schwere, leichte, übermütige, sanfte … Falls Sie selbst spielen können, übernehmen Sie die Rolle des Kindes am Instrument und lassen Sie es dazu tanzen. – Ist das nicht möglich, wird es selbst Bewegungen herausfinden, die zu seinem Stück passen – und die Musik in sich nachschwingen lassen.

»Mein Stück bekommt Farbe!« Wie die oben genannten Spiele, so vermag auch dieses die rechte Gehirnhälfte anzuregen. Auf einem Stück Papier hält das Kind in Farben und Formen das fest, was sein Stück ausdrückt. Wie lassen sich Klangfarben, Bewegungen, Spannungen, Verdichtungen sichtbar machen?

»Mein Stück erzählt eine Geschichte.« Fragen Sie Ihr Kind, ob es Ihnen mal die Geschichte vorspielt, die in dem steckt, was es gerade spielt. Erst in Tönen, dann in Worten.

»Ich bin das Fis!« Als Ton in einem Stück kann man allerlei erleben. Kinder sind das, was sie sich vorstellen. Ihre Phantasie geht eigene und sehr ungewöhnliche Wege.

»Ich mache eine musikalische Reise.« Wohin trägt mich das Stück? Auf den Mond, in den Urwald, in vergangene Zeiten, ins Märchenland, nach Irgendwo?

Die Zeit am Instrument ist nicht nur zum Üben da. Auch Pausen sind notwendig und Augenblicke, in denen es still wird. In denen etwas nachschwingt, in denen nachgedacht werden kann, aus denen Neues entsteht. Zwischen-Räume, die der Freude Zeit lassen, wenn eine Stelle geglückt ist oder ein Stück nach intensivem Üben endlich schön klingt. Räume, die die Entdeckungen zulassen, nicht nur für das, was andere, große Komponisten geschrieben haben, sondern auch für etwas, das der eigenen Phantasie entspringt. Zwischen-Spiele.

Mein kleiner Schüler Tobias pflegt immer wieder mitten im Spiel innezuhalten und zu horchen. Was er wohl hört in der Stille? Was da nachklingt? Hat die Musik etwas in ihm wachgerufen, über das er erst einmal nach-denken muß? – Carolin liebt es, zwischendurch immer mal wieder alte Bekannte zu treffen. Sie holt frühere Stücke aus dem Gedächtnis hervor und spielt mit ihnen. Johannes überrascht mich oft, indem er einfach vom Klavierhocker aufsteht und, sein Stück singend, durchs Zimmer trabt. Es gab Zeiten, muß ich gestehen, da habe ich als Mutter oder Lehrerin nicht immer geduldig auf solche Zwischen-Spiele reagiert. Zu sehr war ich auf ein pädagogisches Ziel fixiert. Heute weiß ich, daß Wege immer wieder Pausen brauchen. Wir sollten diese zusammen mit den Kindern feiern und genießen.

Tägliches Üben möglichst rasch und straff organisiert hinter sich bringen zu wollen, kann Kinder und Eltern um vieles bringen. Ziele und Versprechungen, die sich erst in einem »Später« einlösen lassen, tragen nicht. Kinder haben ein Recht auf den Augenblick. Nur wenn wir im täglichen Spielen und Üben auch das »Jetzt« zulassen können, kommen wir dem eigentlichen Ziel ein Stück näher. Und dieses Ziel liegt in der Musik selbst, einem Phänomen, das allein dem Augenblick gehört. Schon einen Augenblick später ist sie Erinnerung. Um so größer ist ihre Kraft im Moment des Erklingens. Spielen, Üben, sich konzentriert mit einem musikalischen Problem beschäftigen oder selbst Musik erfinden bedeutet Sich-bewegen-Lassen, Bewegtsein. Ein Stück näher zu sich selbst kommen. Sich wandeln und verwandeln. Hier und jetzt.

131

Robert Schumann schreibt in seinen musikalischen Haus- und Lebensregeln über das Üben:

Bemühe dich, leichte Stücke gut und schön zu spielen. Dies ist besser, als schwere mittelmäßig vorzutragen.

Nicht allein mit den Fingern mußt du deine Stücke spielen, du mußt sie dir auch ohne Klavier vorträllern können. Schärfe deine Einbildungskraft so, daß du nicht allein die Melodie einer Komposition, sondern auch die dazugehörige Harmonie im Gedächtnis festzuhalten vermagst.

Wenn du spielst, kümmere dich nicht darum, wer dir zuhört.
Spiele immer, als hörte dir ein Meister zu.

Hast du dein musikalisches Tagwerk getan und fühlst du dich ermüdet, so strenge dich nicht zu weiterer Arbeit an. Besser rasten, als ohne Lust und Frische arbeiten.

Spiele im Tacte! Das Spiel mancher Virtuosen ist wie der Gang eines Betrunkenen. Solche nimm dir nicht zum Muster.

Lerne frühzeitig die Grundgesetze der Harmonie.

Du mußt es soweit bringen, daß du eine Musik auf dem Papier verstehst.

Nur erst, wenn dir die Form ganz klar ist, wird dir der Geist klarwerden.

Die Finger müssen machen, was der Kopf will!

Versäume keine Gelegenheit, wo du mit anderen zusammen musicieren kannst. Dies macht dein Spiel fließend, schwungvoll.

Wenn alle erste Violine spielen wollten, würden wir kein Orchester zusammenbekommen. Singe fleißig im Chor mit, namentlich Mittelstimmen. Dies macht dich musikalisch.

»Ich mag nicht mehr!«

Wenn Kinder die Freude an der Musik verlieren

»Kaiser, wieviel Schritte schenkst du mir?« So heißt es in einem Spiel, das ich als Kind spielte. Gut, wenn der Kaiser mir einen Riesenschritt schenkte. Dann ging es voran! Ärgerlich jedoch, wenn er mir nur ein kleines »Hühner«-Schrittchen erlaubte. Dann war das Ziel unendlich weit weg – rund um mich rückten die anderen voran und ließen mich zurück.

Ähnlich kann es Kindern ergehen, die ein Instrument lernen. Der Weg vom begeisterten Anfang bis zum Ziel scheint oft unendlich lang. Nein, keine Riesenschritte, die dem Kind so einfach »geschenkt« werden. Was, wenn die Freude verlorengeht?

»Ich mag nicht mehr«, ist dann zu hören. Manche Eltern mögen da versucht sein, diesen Satz zunächst einfach zu überhören. Eine vorübergehende Laune? – Schließlich wurde doch ein Instrument angeschafft und der Lehrer tut sein Bestes.

Aber Kinder sind hartnäckig. Freude am Üben kann nicht erzwungen werden. Geduld ist ihnen ein Fremdwort.

Und die Aussicht auf später zieht nicht, weil sie sich von diesem »Später« keine Vorstellung machen können. Wer das »Ich mag nicht mehr« seines Kindes ernst nimmt und behutsam nach den Gründen forscht, wird in jedem Fall ein Stück weiterkommen. Hier ein paar Punkte, die Sie als Eltern überlegen sollten:

- Hat Ihr Kind den richtigen Lehrer? Kann er es ansprechen, erreichen, motivieren? – Läßt er sich auch von Ihrem Kind ansprechen, und akzeptiert er seine Vorstellungen, Meinungen und Wünsche? – Kann er ihm vermitteln, daß es im Instrumentalunterricht nicht nur um Technik und fehlerloses Spiel geht, sondern um die *Musik*? – Verbindet Ihr Kind Üben mit lustlosem Pauken? – Ihr Kind soll gerne in den Unterricht gehen, und bei allem Üben darf das »Spielen« nicht zu kurz kommen. Es muß wissen, was es bis zur nächsten Stunde zu arbeiten hat – und wie es das in kleine Übschritte aufteilen kann. Ein persönliches Gespräch oder auch ein Unterrichtsbesuch kann vieles klären.

- Spielt Ihr Kind die richtigen Stücke? Das, was es spielt, soll ihm gefallen. Fühlt es sich von einem Stück angesprochen, wird es lieber üben. – Sind Stücke zu leicht, kann sich ein Kind unterfordert fühlen. Sind sie zu schwer, stellt sich ein Gefühl der Überforderung ein. Weder Langeweile noch Mutlosigkeit machen Fortschritte möglich. Zu lange und einseitig geübte Stücke können sich ebenfalls lähmend auf den Eifer eines Kindes ausüben. Ebenso verspüren manche Kinder, die bislang ausschließlich »ernste« Klassik spielen mußten, das Bedürfnis nach ganz anderen Stücken, z.B. aus der zeitgenössischen Literatur. Stücke aus verschiedenen Epochen und Stilrichtungen, aber auch eigene Improvisationen bringen frischen Wind und neue Farbe in den musikalischen Alltag.

- Spielt Ihr Kind das richtige Instrument? Manche Kinder entdecken erst, wenn sie sich längere Zeit mit einem Instrument beschäftigt haben, daß es ihnen weder körperlich noch klanglich entspricht. Ein zu früher Beginn oder bestimmte feste Vorstellungen der Eltern haben vielleicht den eigenen Wunsch »verdeckt«. Der Wechsel auf ein anderes Instrument kann neu motivieren.

> ich konte nicht Üben weil ich Blinde Kuh gespielt hab und das Klavier nicht mehr gefunden hab
>
> Tobias

- Und die *Eltern?* Eine Balance zwischen dem »Zuviel« und »Zuwenig« zu finden ist nicht immer einfach. Einerseits kann eine fordernde Haltung, ständige Kontrolle und Überwachung ein Kind geradezu zu einem »Trägheitsstreik« (Erich Fromm) oder zum »Aussteigen« zwingen. Andererseits erlahmt die Lust am Spielen auch, wenn sich Kinder allein gelassen fühlen. Eltern, die der Auffassung sind, ihr Kind soll »nur so zum Spaß« spielen, können auch kein allzu großes Interesse von ihm erwarten. Allein gelassen mit sich und dem Instrument spielt es seine Stücke von vorn bis hinten durch, anstatt an ihnen wirklich ernsthaft zu arbeiten. Der Erfolg ist denn auch wenig ermutigend. Meist muß ein Großteil der nächsten Unterrichtsstunde dazu

135

dienen, die eingeübten Fehler wieder auszubügeln. Man stelle sich eine solche Situation beim Tischtennisspiel vor. Auch hier geht es immer um etwas – den Ernst im Spiel! Ihr Kind hat also ein Recht darauf, zu wissen, warum und wie es üben muß. Helfen Sie ihm mit Ihrer positiven, nie aufdringlichen Unterstützung – und loben Sie seine kleinen Erfolge. Das kann wahre Wunder wirken!

• Einzelhaft? Üben auf einem Instrument ist eine einsame Sache. Beim Zusammenspiel mit anderen wird Ihr Kind vielleicht wieder neue Freude am Spiel entdecken. Ob Vater, Geschwister oder Freunde, ob eine Gruppe in der Musikschule oder in der Klasse, ein Versuch lohnt sich immer.

• Tapetenwechsel? Last not least sollte sich ein Kind an dem Ort wohlfühlen, wo es Musik macht. Ein dunkler Hobbyraum, ein steriles Wohnzimmer, die Ecke im familiären »Abseits«, ein nebenbei laufender Fernseher – kein Wunder, wenn da die Lust wegbleibt! Neulich beobachtete ich meine kleine Tochter, wie sie samt Notenständer und In-

strument vom Wohnzimmer ins eigene Zimmer umzog. »So, hier bei meinen Spielsachen, macht's mehr Spaß!« Sprach's, machte die Tür zu – und übte eine ganze Viertelstunde länger als sonst. Tapetenwechsel? Wer weiß!

• Schöpferische Pause? »Ich mag nicht mehr.« Dieser Satz kann Eltern manchmal zur Verzweiflung bringen. Vor allem, wenn sie nicht hinter die wahren Gründe kommen, so intensiv sie auch fragen. Manches Kind würde vielleicht auf die Frage »Warum« nur mit einem kurzen »Weil!« antworten. Und hinter diesem »Weil!« kann vieles stecken. Heißt dieses »Ich mag nicht mehr« im Klartext eigentlich: »Ich kann nicht mehr?« – Ist der Instrumentalunterricht ein zu großes Gewicht geworden neben Schule und anderen allerorts angebotenen Freizeitaktivitäten? Fühlt sich Ihr Kind in seiner freien Zeit »verplant«? Wenn Musik im Leben eines Kindes zusätzlichen Leistungsdruck ausübt, müssen wir nachdenken. Ballast abwerfen? Nach welcher Seite? Was ließe sich verändern zugunsten von mehr Freizeit, mehr Freiheit, mehr freiem Spiel im Alltag Ihres Kindes?

Wie kann Musik wieder das werden, was sie im Leben Ihres Kindes sein soll und kann? Ein Gegengewicht zu Schule und dem oft damit verbundenen Leistungsdruck. Spiel-Raum für die Seele. Insel des Rückzugs. Ausdrucksmöglichkeit für alles, was Ihr Kind freut – und bedrückt.

Ein Segelboot, das vor sich hindümpelt, braucht Wind. Dieser läßt sich weder herbeireden noch erzwingen. Kinder, denen der Wind zum Weiter»segeln« fehlt, brauchen manchmal eine Pause. Zum Nachdenken. Um sich klarzuwerden, was »fehlt«. Damit sich Dinge in Ruhe ent-wickeln können. Eine solche Pause kann schöpferische Kräfte freimachen. Und, wer weiß, vielleicht sogar einen Abschied für immer verhindern. Einen Versuch sollte es jedenfalls wert sein. Verabreden Sie mit dem Lehrer Ihres Kindes eine Pause. Danach kann Ihr Kind hoffentlich mit Freude wieder einsteigen und mit neuem Schwung weiter»segeln«!

137

Knopf im Ohr?

Kassetten – die »heimlichen« Musikerzieher im Kinderzimmer

Schon zum zehnten Mal dasselbe. Immer die gleichen Töne, die aus dem Kinderzimmer kommen. Da muß meinem Kind doch das Hören vergehen, sollte man meinen. Aber, im Gegenteil, mein Kind findet es prima. Man kann nebenher tanzen, Bilderbücher anschauen, Wolken zählen – oder einschlafen. Per Kassette werden Lieder zu Ohrwürmern, prägen sich ein, von der ersten bis zur letzten Strophe. So unentwegt und geduldig, so fetzig und rockig kann die liebste Großmutter nicht singen.

Kassetten sind mittlerweile aus unseren Kinderzimmern nicht mehr wegzudenken. Während der Fernsehkonsum zu stagnieren scheint, hält das Interesse an Kassetten bei Kindern unvermindert an. Kaum ein zehnjähriges Kind – so haben Untersuchungen ergeben –, das nicht einen eigenen Kassettenrecorder besitzt. Jüngere Geschwister horchen meist mit und wachsen so in die Hör-Umwelt der älteren mit hinein. Als jederzeit durch Knopfdruck verfügbare akustische Dauerlutscher übernehmen Kassetten manchmal ungewollt die Rolle von heimlichen Musikziehern, prägen Musikgeschmack und Hörgewohnheiten.

Allerweltskost für die Ohren?

In welcher Weise die musikalische Entwicklung unserer Kinder durch Medien beeinflußt wird, hängt zum großen Teil davon ab, *was* sie hören. Sicher ist es da nicht leicht, eine Balance zu finden zwischen dem, was Kinder gern hören und dem, was Eltern für sinn- und musikalisch wertvoll halten. Eine fast unübersehbare Flut an Produkten, die alljährlich auf den Markt geworfen werden, machen Überblick und Auswahl schwer. Manche Produzenten scheinen dabei davon auszugehen, daß Kinder an allem ihren Hör-Spaß haben, nur nicht an musikalischer Qualität. Steriler Computersound, elektronische Tricks, billige Effekte, standardisierte Musikfloskeln oder modisch aufgepeppte musikalische Kindertümelei sind gang und gäbe. Akustische Plattheiten eig-

nen sich allenfalls zum Abnudeln und verführen zu passivem Musikkonsum, sie vermögen jedoch kaum die Vorstellungskraft eines Kindes anzuregen. Warum sollten aber auch Hersteller von Kinderkassetten qualifizierte Musiker und Künstler engagieren, wenn für weniger Geld und in kürzerer Zeit ein einziger Mann am Computer die Instrumente eines ganzen Orchesters imitieren kann?

Da jede Kassette, ganz gleich, wie gut oder schlecht sie gemacht ist, einen »Hörzwang« auf ein Kind ausüben kann, ist es wichtig, daß es sich nicht an billig produzierter musikalischer Allerweltskost die Ohren verdirbt. Wer sich auf die Suche macht, wird entdecken, daß musikalische Qualität nicht langweilig und brav daherkommen muß. Es gibt sie, die Kassetten, die den kleinen Hörern Spaß machen und sie gleichzeitig in ihren musikalischen Bedürfnissen ernst nehmen. Es gibt Musik auf Tonträgern, bei denen etwas »rüberkommt«, sich mitteilt. Sie läßt etwas im Hörer anklingen und mitschwingen, läßt ihn mitempfinden. Man hat viel nachgedacht über die Wirkung von Musik und herausgefunden, daß sie sich sogar noch über Kassette und Schallplatte vermitteln läßt. Vorausgesetzt, der Musiker versteht es auf seinem Instrument, Spannungen zu erzeugen, Energien zu wecken und damit spür- und hörbare Wirkung auf den Hörer zu übertragen. Je nachdem, wie wach und konzentriert, wie gelöst und frei er gestaltet, wird seine Musik mitreißen oder er-greifen. Diese lebendige Form der Mitteilung kann auch im Aufnahmestudio stattfinden. Sie steht allerdings in krassem Gegensatz zu Aufnahmebedingungen, die im Schnellverfahren auf sterile, musikalische Fertigprodukte abzielen, bei denen starre Arrangements oder eingespeicherte Programme eine intuitive und spontane Gestaltung von vornherein verhindern. Solche »Musik« wird niemals wohltuend auf die Psyche oder anregend auf die musikalische Phantasie eines Kindes wirken können. Sie ist »Ware« und wird als solche konsumiert.

Kinder erfassen diese musikalischen Unterschiede genau. Sie hören mit dem Herzen und spüren mit den Ohren Wirkungen auf, die uns Erwachsene manchmal staunen lassen. Es lohnt sich also, genau hinzuhören, ehe man die nächste Kassette kauft.

Klingendes Liederbuch

Lieder machen kleinen und größeren Kindern Spaß. Es lohnt sich, nach Liederkassetten zu schauen, zu denen es auch ein Liederbuch gibt. Am besten mit bunten Bildern – und, wenn möglich, auch mit Anregungen für Spiele zu den einzelnen Liedern. So bleibt es nicht beim passiven Hören, vielmehr können die Lieder das aktive Spiel mit Geschwistern oder Eltern begleiten. Lieder – gehört, gesehen, gehüpft, gesprungen und gesungen – prägen sich ein. Solche »Ohrwürmer« tauchen dann später bei den verschiedensten Gelegenheiten wieder auf.

Gute Liedkassetten zu finden, ist nicht immer einfach. Wer eine Kassette vorher nicht kennt, muß sich auf die Empfehlungen oder Kritiken in den Medien bzw. der Fachpresse verlassen. Noch besser – man hört sie sich selbst an, bevor man sie kauft.

Hier einige *Kriterien* für die Auswahl:
– Ist der Text der Lieder gut zu verstehen?
– Wirkt die Singstimme angenehm und natürlich – oder »nervt« sie den Zuhörer?
– Passen die Begleitinstrumente zum Inhalt, geben sie die Stimmung des Liedes wieder?
– Sind vorwiegend akustische Instrumente zu hören, oder werden die Lieder elektronisch plattgewalzt?
– Entspricht das Tempo in etwa dem Bewegungstempo eines Kindes?

140

– Gehen die Liederinhalte auf die Lebens- und Erlebniswelt der Kinder ein?

Klassik für Kinder

Auch Kinder haben spontan Zugang zu klassischer Musik. Vor allem, wenn es sich dabei um Musikstücke handelt, zu denen sie leicht eine Beziehung finden können. Sei es, weil sie Geschichten in der Phantasie wachrufen (z.B. »Nußknacker« v. Tschaikowsky), Naturstimmungen wiedergeben (»Die Moldau« v. Smetana) oder Instrumente vorstellen (»Peter und der Wolf« v. Prokofjew). Auch Tänze mit ihren verschiedenen Rhythmen oder leicht faßbare musikalische Formen werden ihnen gefallen (»Kinderszenen« v. Schumann).

Musikalische Hörspiele

Musik und Wort spielen hier zusammen. Da finden sich Musikstücke, um die sich Geschichten ranken. Der kleine Hörer wird Zeuge einer Orchesterprobe, oder ein Erzähler führt in musikalische Geheimnisse ein.
Beliebt sind auch Kassetten, die bestimmte Komponisten vorstellen.

Bach, Mozart, Beethoven und Tschaikowsky kommen mitten ins Kinderzimmer. Solche Kassetten eignen sich besonders für Kinder, die bereits ein Instrument spielen und zu ihren Musikstücken Hintergründe und Informationen erfahren wollen.

Gemeinsam hören

Wenn Eltern und Kinder gemeinsam Musik hören, kann das zu einem Erlebnis werden, bei dem man sich näher kommt. Jeder spürt, daß Musik etwas ganz Persönliches ist und viel über die Vorlieben und den Geschmack des anderen aussagt.
Warum wird die eine Musik als schön, aufregend oder beruhigend empfunden, eine andere jedoch als langweilig und nervtötend? Gemeinsam hören und über das Gehörte sprechen, sich einfühlen und ein-horchen und erleben, wie ein Kinderlied plötzlich »in die Beine geht«, ist ein Spaß für alle. In einem Musikstück lassen sich aber auch Überraschungen entdecken, Bekanntes taucht immer wieder auf, Spannungen können sich ergeben und Ruhepunkte zum Entspannen einladen. Vielleicht tut es auch gut, eine Weile nur nebeneinander zu sitzen und miteinander zu lauschen.

Kleine und große Vorbilder

Und wie machen es die »Großen«? – Diese Frage bewegte mich heftig als Kind. Ich war neugierig und traute nie so ganz dem, was mein Lehrer mir predigte. Selbst wollte ich ausprobieren und beobachten, horchen und lernen. Und so schlich ich mich gewöhnlich vor einem Konzert durch die Hintertür unseres kleinstädtischen »Konzerthauses«, genau zu der Zeit, als sich der große Künstler für sein Konzert am Abend einspielen wollte. Etwas ängstlich war mir schon zumute, als ich in den leeren Gängen auf Zehenspitzen nach der Saaltür suchte. Im Dunkeln tastete ich mich durch leere Stuhlreihen, bis ich den Platz fand, der mir den besten Ausblick bot. Hellwach war ich, jederzeit bereit, »abzutauchen«, falls der Künstler in den Saal blicken sollte und das blasse Kindergesicht entdeckte. – Was ich hörte, nahm mir bisweilen den Atem. Nicht, weil es außergewöhnlich gewesen wäre, eher, weil das große Vorbild menschlich so nah gerückt war.

Der pfeifende Mann im lässigen Pullover, die gestiefelte blonde Pianistin, die ihr Maskottchen, ein buntes Plüschtier, vor sich aufs Notenpult stellte, der Cellist, der seine Melodien laut mitsang … Was mich beeindruckte, war die Art des Spielens. Selbst diese großen Vorbilder »übten« – und das am Tag des Konzerts! Schwierige Stellen wurden noch einmal ins Gedächtnis gerufen und im Zeitlupentempo gespielt, Klangschattierungen gesucht und ausprobiert, je nachdem, wie es die »fremde« Akustik des Saals oder das Instrument verlangte. Später, am Abend im Konzert, erkannte ich vieles wieder. Nun zu einem Ganzen geworden, in einen musikalischen Zusammenhang gestellt.

Wie gut, daß ich meinem Lehrer nie so recht glaubte, daß auch große Künstler üben und hart an sich arbeiten müssen. Das Kind im dunklen Konzertsaal, das Angst hatte, entdeckt zu werden, hat auf diese Weise vieles entdeckt!

Kinder greifen gerne und oft nach Vorbildern. Sie lassen sich von Menschen begeistern, deren außergewöhnliche Leistungen, Auftreten, Aussehen oder Charaktereigenschaften sie besonders ansprechen. In ihnen suchen und finden sie etwas, an dem sie sich orientieren können. Ein Stück Identität auf der Suche nach dem eigenen Selbst.

Vorbilder auf dem Gebiet der Musik finden Kinder auf verschiedenste Weise. Vielleicht ist es ein berühmter Künstler, dessen Musik man bereits im Konzert gehört, dessen Auftritt im Fernsehen gefesselt hat oder dessen Musik der ganzen Familie von der Schallplatte her vertraut ist. Vielleicht ist es der eigene Lehrer oder auch ein älterer Mitschüler, der schon viel weiter ist als das Kind selbst.

Gerade das »kleine« Vorbild – ein älteres Mädchen oder Junge – kann einem jüngeren Kind viel Motivation und Ansporn geben. Was dieses Vorbild bereits erreicht hat, liegt nicht ganz so weit weg. Das regt mehr an, als wenn die Leistungen des Vorbilds unerreichbar scheinen. Hören, schauen, fragen, nachmachen, neugierig werden …

Warum sollte der jüngere Schüler nicht auch bald das interessante Stück spielen? Und wenn er dazu noch den älteren fragen kann, wie man dieses Ziel am besten erreicht, wird sich das auch auf seine täglichen Spiel- und Übgewohnheiten positiv auswirken.

Sogar ein »vorbildlicher« Stundenplan ist möglich. Allerdings nur,

wenn beide Schüler beim gleichen Lehrer Unterricht haben. Dann darf der Jüngere, bevor seine Stunde beginnt, beim Älteren noch ein bißchen zuhören. Ob er ihm noch etwas vorspielt? Oder eine schwierige Stelle erklärt? Ob die beiden mal zusammen ein Stück spielen?

Solche Erlebnisse bewirken meist mehr als tausend gutgemeinte Ermahnungen von Eltern oder Lehrern. Aber auch Vorbild zu sein, will gelernt werden. Ein guter Lehrer wird darauf achten, daß Vorbilder ihre Rolle nicht nur genießen oder gar überheblich ausnutzen. Ihr Vorsprung bedeutet in seinen Augen auch Verantwortung für den jüngeren Schüler, der zu ihm aufschaut. Imponieren wollen, all denen, die es noch nicht so gut können, wäre nicht der Sinn einer sinnvollen Erziehung zur und durch Musik.

Junge Vorbilder sind oft »große« Vorbilder. Es müssen nicht immer die Stars auf dem Bildschirm sein, denen scheinbar mühelos alles gelingt, die in der Lage sind, alles und jeden »an die Wand zu spielen«. Wirkliche Vorbilder bleiben oft lange unentdeckt, um dafür um so länger im Gedächtnis zu bleiben. So erzählt ein amerikanischer Schriftsteller von einem Schulkonzert, bei dem ihm ein Mädchen begegnete, das für ihn lange ein Vorbild war. Dieses Mädchen, von dem alle wußten, daß es gut spielte, betrat das Podium. Ihr letztes Konzert als Abiturientin dieser Schule. Nach den ersten Takten stockte sie, verlor den Faden. Betroffene Stille. Wieder und wieder suchte sie nach einem »Einstieg«. Ohne Erfolg. Schließlich stand sie auf, verneigte sich ernst und ging langsam und mit »unbeschreiblicher Grazie« hinaus. Alles blieb still, bis sie hinter der Bühne verschwunden war. Dann tosender Beifall. Die Art, wie sie nach diesem »Mißerfolg« sie selbst geblieben war, teilte sich auch dem Publikum erlösend mit. Musikalisches Vorbild – auch eine Frage des aufrechten Gangs? Kinder haben nicht nur Augen und Ohren für schnelle Finger, imponierende Gesten und schöne Klänge. Sie spüren auch das, was dahinter steckt, den Menschen.

Vor langer Zeit haben wir angefangen, Stars aufzubauen und so das Publikum von den Musikern zu trennen. Die stummen Zuhörer, die nur den Star anglotzen, gehören zum großen Finale der westlichen Musik.

Keith Jarrett

Klänge als heilende Kraft

»Musik ist für uns ein großes Problem«, schreibt mir eine Mutter. »Katrin liebt die Musik. Doch sie ist behindert. Sie hat Schwierigkeiten, die Hände zu bewegen, kann nicht richtig mit ihrer Stimme umgehen. Wahrscheinlich hört sie auch nicht gut …« Alle Nachfragen der Eltern waren erfolglos. Kein Platz in der Musiktherapie. Und die benachbarte Musikschule konnte auch nicht weiterhelfen. Musik also nur für nichtbehinderte Kinder?

Dabei liegt es auf der Hand, daß gerade Kinder wie Katrin Musik brauchen. Allerdings in Form einer Therapie. Längst wissen wir aus Berichten von Musiktherapeuten, daß Krankheiten des Körpers und der Seele mit Musik behandelt werden können. Kinder beruhigt ein Rhythmus, der dem Herzrhythmus der Mutter gleicht. – Überall in der Welt wissen Mütter, wie sie auf musikalische Weise ihr Kind beruhigen können, sei es in Wiegenliedern oder Heile-segen-Ritualen. Indem man tanzte und sich in Trance trommelte, wußte man sich von Furcht zu befreien oder sang sich in Klageliedern den Schmerz von der Seele. Ein uraltes Wissen, so alt, wie die Menschheit selbst!

Felszeichnungen in Afrika erzählen von Heilungsritualen, die sich vor rund 25 000 Jahren abgespielt haben. Auf ägyptischen Papyrusrollen ist festgehalten, wie Ärzte, die zugleich auch Priester waren, mit Tönen zu heilen versuchten.

Und wer kennt nicht die Geschichte von Orpheus, dem Sänger! Nicht nur Menschen, auch Berge, Täler, Bäume und Steine wurden durch die Klänge seiner Leier bezaubert. Es gelang ihm, mit seinem Gesang sogar die Mächte der Unterwelt zu besänftigen. Man weiß, daß im alten Griechenland Musik und Medizin eng miteinander verbunden waren. So steht von dem göttlichen Arzt Asklepios zu lesen: »Die ganze Natur bringt er in Harmonie. Anfang und Ende faßt er zusammen, und sein Leierschläger ist der helle Sonnenstrahl.« Auch Pythagoras wußte seelische und körperliche Leiden mit Musik zu heilen. Indem er verschiedene Tonarten anwandte.

Musik in die therapeutische Arbeit mit Menschen einzubeziehen, ist also keine neue Idee. Hören und Erleben, vor allem auch aktives Musizieren, kann unbewußte oder bewußte Wirkungen auslösen. Mehr als durch die Sprache lassen sich durch Töne und Klänge Gefühle verschiedenster Art ausdrükken: Zorn, Glück, Trauer, Angst … Andererseits werden auch körperliche Reaktionen spürbar. Atem oder Herzrhythmus können sich verändern. Musik »geht ins Blut« oder »unter die Haut«, auch schon mal »in die Beine« oder gar »auf die Nerven«. Wir fühlen uns, je nachdem, was wir hören oder spielen, entspannt oder angeregt. Mit einer Trommel zu »sprechen« ist für manche Menschen oftmals die erste Möglichkeit, Verkümmertes wieder zur Sprache zu bringen oder Kontakt mit einem anderen Menschen aufzunehmen.

»Die Grenzen meiner Sprache bedeuten die Grenzen meiner Welt, wovon man nicht sprechen kann, davon muß man schweigen« (Ludwig Wittgenstein). Dieses Schweigen zu durchbrechen und mit Klängen zu »sprechen«, kann wie eine Erlösung wirken – und möglicherweise dazu führen, im Spiel auch Kontakt mit einem anderen Menschen aufzunehmen. Einmal kräftig und ausdauernd »auf die Pauke hauen« weckt in manchen Menschen frühe kindliche Lustgefühle. Solches Aus-

sich-Herausgehen ermöglicht es, unausgelebte Spannungen loszuwerden, ohne Angst. Harmonische Klänge können die alte Sehnsucht nach Einklang mit sich selbst oder Gleichklang mit anderen wecken. Ein mitreißender Rhythmus oder vertraute, positiv erlebte Musik vermag sogar in apathischen oder gelähmten Menschen Wohlgefühle oder Bewegungsimpulse wachzurufen. Erlebnisse, die gestaltend und befreiend zugleich wirken. Spontan können sie Entwicklungen anstoßen und zu Veränderungen herausfordern. Im Mittelpunkt dieser therapeutischen Arbeit steht denn auch nicht das klingende Ergebnis, sondern das, was dazu führt: Arbeit mit sich und an sich selbst. Also nicht das künstlerische Endprodukt, sondern der Weg, auf dem etwas in Gang kommt und ausge-löst, erlöst wird.

Katrin braucht also musikalische Möglichkeiten, die außerhalb dessen liegen, was eine Musikschule anzubieten hat. Gemeinsam mit einem Therapeuten muß sie erst einmal Formen des Musizierens finden, die es ihr erlauben, sich ohne Angst zu äußern. Sie darf und soll musikalisch handeln, nicht be-handelt werden. Dafür braucht es weder Notenkenntnisse noch spieltechnische Anweisungen. Sie bestimmt sogar selbst, welches In-

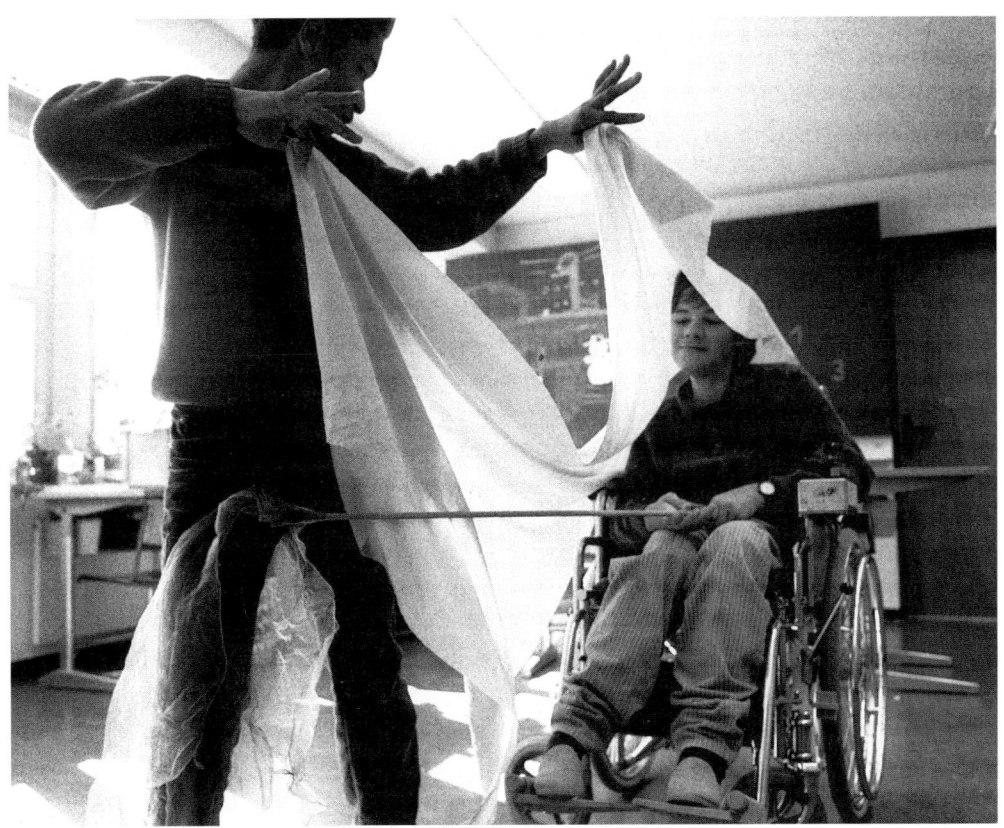

strument sie spielt. Ob auf der Trommel, auf der Pauke oder mit dem Tamburin, mit Handglocken oder Xylophon, mit den zarten Tönen der Kantele oder Zither, mit den tiefschwingenden Tönen des Gongs – oder auch mit der eigenen Stimme, sie wird selbst herausfinden, wie und welche Klänge sie diesen Instrumenten entlockt. Sie kann damit Signale aussenden und ihre eigene Sprache in Klängen und Tönen entwickeln. Umgekehrt aber erlebt sie auch, was ihre Signale in Form von Klang und Rhythmus bewirken. Sie bekommt Antworten auf Fragen, die sie durch Worte (noch) nicht ausdrücken kann. Musikalische Wege vom Ich zum Du, in denen sie Wärme, Zuneigung, Nähe und Vertrauen erfährt. Ganz allmählich wird sich so dem Therapeuten offenbaren, wo Katrins Möglichkeiten liegen und wo sie entwickelt werden können. Sei es auf motorischem,

147

sprachlichem, geistigem oder seelischem Gebiet. Es wird sich jedoch auch zeigen, wo ihre Grenzen liegen, die es zu respektieren gilt.

Also kein Musikunterricht im gewohnten Sinn. Statt methodischer Lernschritte und Lernziele geht es hier um die Frage: Wie kann man auf die Anlagen und Neigungen speziell dieses einen Kindes eingehen und reagieren?

Musik tut gut – das gilt für jedes Kind!

Nicht immer sind es körperliche Behinderungen, unter denen Kinder leiden. Seelische Nöte, psychosomatische Reaktionen oder Entwicklungsrückstände sind oft nicht auf den ersten Blick wahrzunehmen. Viele Kinder haben Schwierigkeiten mit sich und anderen: Sich durchsetzen oder anpassen, dem eigenen Gefühl trauen oder lieber den Verstand zu Hilfe nehmen – in diesem Spannungsfeld fühlen sie sich hin- und hergerissen. Auch Verhaltensstörungen treten immer häufiger auf. Hier kann Musik helfen. Vorausgesetzt, »schwierige« Kinder gelangen überhaupt in die Hände eines erfahrenen und sensiblen Musikpädagogen. Gerade sie werden oft für »unbegabt« gehalten, wenn es um Musik- oder Instrumentalunterricht geht. Dabei brauchen solche Kinder Lehrer, die es wagen, nicht nur pädagogisch, sondern auch therapeutisch zu handeln. Und Eltern, die es ihrem Kind »erlauben«, Musik als etwas zu erleben, das ihm guttut. Anspruchs- und Leistungsdenken werden genau das Gegenteil von dem bewirken, was ein solches Kind braucht. Ich selbst erfahre immer wieder Beglückendes und Überraschendes. Denn es sind meist Kinder, die überaus sensibel reagieren auf das, was in ihnen selbst und in ihrer Umwelt nicht stimmt. Wenn sie die Möglichkeit bekommen, jemand zu finden, der an sie glaubt, wenn sie Musik in sich wirken lassen können und ganz allmählich das ausdrücken lernen, was sie innerlich fühlen, entwickeln sie ein kreatives Potential, das staunen und aufhorchen läßt. Über kurz oder lang werden sich parallel dazu auch Wirkungen im Verhalten zeigen.

Zwischen Lärm und Stille

Klangteppich allüberall. Ob Rock, Pop, Rap oder Vivaldi. Gute-Laune-Potpourri in der Kinderabteilung des Kaufhauses. Sanfte Berieselung zwischen Kopfsalat und Himbeereis im Supermarkt. Je nach Tageszeit und Biorhythmus, von Dudelkonzernen psychologisch ausgeklügelt, mal aufmunternd, mal beruhigend langsam. Gezielte Beschallung soll, ähnlich wie helle Farben oder Blumen, freundlich stimmen und zum Kauf motivieren. Sprinkleranlage Musik.

Zu Hause sprinkelt es munter weiter. Dank Radio, Fernseher und Plattenindustrie ist Musik als Ware konsumierbar geworden. Man läßt singen. Man läßt spielen. Jederzeit und pausenlos … Die fortschreitende Technik macht musikalisch fast alles möglich. Jede Art von Tönen und Klängen, ganz gleich in welcher Kombination, kann heute synthetisch erzeugt werden. Musikalische Prozesse sind programmierbar geworden, lassen sich automatisieren und speichern – und beliebig verstärken.

Laut gilt als stark, auf dem Kinderspielplatz, wie auch in der Musik. Und laute Musik übt denn auch eine Suggestion aus, der sich viele Kinder, Jugendliche und Erwachsene kaum entziehen können. Das berauschende Gefühl kann gekauft werden. Und selbst, wo es Leiseres wahrzunehmen gäbe, ermöglicht es der Walkman, den eigenen Lärm mit sich herumzutragen. Knopf im Ohr beim Gassi-Gehen mit dem Hund, beim Fahrradfahren, im Schwimmbad, auf dem Schulweg, bei den Hausaufgaben … Solchermaßen betäubt, werden Ohren taub für das, was Musik wirklich sein kann. Taub für das Gegenüber, taub für vieles, was um uns herum passiert.

Aber auch ohne die allzeit verfügbare »Ware« Musik haben es kindliche Ohren schon schwer genug. Die Unrast einer lauten Umwelt, monotone maschinelle Geräusche, der Straßenverkehr, all das attackiert das Ohr, erzeugt unbewußt Angst. Denn in unserer menschlichen Vorgeschichte bedeutete Lärm Bedrohung. Das Ohr schützt sich, indem es vieles Gehörte wegsteckt bzw. sich an den akustischen Dauerstreß gewöhnt. Es stumpft ab. Aufmerksamkeit und Achtsamkeit werden eingeschränkt, angesichts der Unmöglichkeit, die Vielfalt an Geräuschen, Melodien und Rhythmen noch wahrzunehmen! – Andererseits bewirkt das Überangebot an Reizen, daß sich Kinder immer häufiger schwer damit tun, sich zu konzentrieren, daß ihr Verhalten nervös, unruhig oder aggressiv wird.

Wie anders wirkt Musik, wenn wir sie selbst machen! Ganz gleich, ob wir singen oder auf einem Instrument spielen, wir brauchen dafür ein »offenes Ohr«. Da gilt es bei der Stille anzufangen, dem Ursprung aller Musik. Augenblicke, in denen es still um uns herum wird, sind jedoch nicht immer leicht zu erreichen. Um so kostbarer werden wir sie empfinden.

Sich der Stille öffnen. Für eine Weile unsere Unrast vergessen. Es ist einen Versuch – und sei er zunächst nur zehn Minuten lang – wert. Wir entdecken, wie ganz einfache Dinge plötzlich Freude vermitteln können: Leise auf Socken durch die Wohnung gehen. Einer Kerzenflamme zuschauen. Einen besonderen Duft einatmen. Den eigenen Atem spüren und wahrnehmen. Leise summen. Horchen, was in und um uns vorgeht. Die Sprache der Dinge entdecken, ihren Klang mit dem »inneren« Ohr erleben. Wie klingt der Wind? Wie klingen die Regentropfen, die Bienen, die Vögel? Wie klingt ein Ton auf meinem Instrument, wenn ich ihm lange nachhorche, ihn schwingen lasse, bis er sich von meinem Ohr nicht mehr wahrnehmen läßt? Wie klingt die Stille selbst?

Auch Kinder finden solche Augenblicke spannend. Sie erleben jedoch genau wie wir Erwachsenen, daß es nie absolut still sein kann. Tausend Geräusche durchkreuzen die Stille. Tausend Gedanken schießen auch in Augenblicken der Ruhe durch unseren Kopf. Und bis sich endlich auch unser Körper entspannt, kribbelt es hier und krabbelt es dort. Gar nichts tun, sich der Stille zu öffnen, braucht Geduld und innere Kraft.

Ist Stille gleich Stille?

Hugo Kükelhaus ist in seiner Arbeit immer wieder dem Phänomen der »Stille« nachgegangen. Er schuf einen schalltoten Gang, ausgestattet mit schalldämmendem Material, lichtlos und reizleer. Absolute Stille herrschte dort. Jeder Ton wurde sofort verschluckt. Keine Resonanz, kein Echo. Kinder und Erwachsene, die diesen schalltoten Raum betraten, reagierten beklommen. Angst und Verlassenheitsgefühle stiegen auf. Sogar Gleich-

150

gewichtsstörungen machten sich bemerkbar. Das Ohr bzw. der Gleichgewichtssinn reagierten verunsichert auf die Resonanzlosigkeit.

Ähnliche Erlebnisse hatte ich zwischen hohen Sanddünen in der Wüste Sahara. Die eigene Stimme, tonlos und trocken, drang kaum von außen, dafür um so mehr von innen an mein Ohr. Schritte waren nicht zu hören. Der Sand saugte jeden Ton auf, dämpfte den Schall. Solche Stille läßt verstummen.

Ganz anders dagegen wirken Erlebnisse, bei denen wir erfahren, wie Schall zurückkommt: als Echo, Widerhall, Antwort. Welches Kind liebt es nicht, seine Stimme zu erproben, wenn es durch ein Tunnell geht, durch eine große Röhre kriecht oder das Echo aus dem Wald wahrnimmt?

Auch beim Singen im finsteren Keller oder im dunklen Wald ist es der Widerhall der eigenen Stimme, eine oft kaum mehr wahrnehmbare Resonanz, die aber doch beruhigend wirkt.

Reagierten die Menschen bei absoluter und künstlicher Stille negativ und beklommen, so hatte der folgende Versuch, der zwar auch im leisen Bereich angesiedelt war, positive Wirkung. Hugo Kükelhaus entwarf ein »Summloch«: eine aus Stein gemeißelte Aus-höhlung, deren Öffnung etwa so groß war, daß der Kopf hindurchpaßte. Man versuchte einen möglichst tiefen Ton zu summen. Sobald die Tonhöhe erreicht wurde, die der Eigenschwingung des Steins entsprach, verstärkte sich, je nach Lautstärke, das Summen zu einem Dröhnen, dessen Vibrationen und Schwingungen sich über die Wirbelsäule und das Skelett auf den ganzen Körper übertrugen. Dieses wirkte sich auf den ganzen Organismus überaus wohltuend aus. –

Verstärkten Summtönen und ihrer Resonanz schrieb man deshalb vermutlich bis in die menschliche Frühgeschichte Heilwirkungen zu – aber auch die Möglichkeit, Menschen in Trance zu versetzen oder mediale Fähigkeiten zu wecken. Summlöcher auf Malta oder das »Ohr des Dionysos« in Syrakus, ein riesiges Höhlensystem, das einem einzigen Summloch gleicht, weisen darauf hin. Hier konnte sich der Mensch, Widerhall und Resonanz erlebend, in Wort und Gesang als Teil eines Ganzen wahrnehmen oder die Stimme eines antwortenden Gottes vernehmen.

Auch Babys summen und lallen vor sich hin. Dieses selbsterzeugte Summen und Tönen kann – so Kükelhaus –, wenn es von Kindheit an wachgehalten wird, eine Gegenkraft zur »Verlärmung« unserer Welt bedeuten. Ein Gedanke, der dazu anregen könnte, über die Spiel- und Lebensbedingungen unserer Kinder neu nachzudenken. Sind sie so gestaltet, daß sie ihren Sinnen, ihrem Gehör und dem eigenen Spiel mit Stimme und Tönen genügend Anreiz bieten? Denn eines ist sicher: Das kategorische »PSST!«, das Krach und Lärm unterdrücken will, wird auf die Dauer immer mehr Lärm und Unruhe hervorrufen. Es genügt letztlich nicht, um uns gegen die Verlärmung zu schützen. Aber es lohnt sich, dem Ur-Phänomen der Musik nachzugehen, das auf Klang und Resonanz beruht und dadurch die Kraft der Stille wieder neu zu entdecken.

Was hat Musik mit Muße zu tun?

Der Wochen»fahr«plan mancher Kinder ähnelt oft dem eines berufstätigen Erwachsenen. Vormittags Schule, nachmittags Hausaufgaben und vielseitige Aktivitäten: Schwimmen, Judo, Basteln, Ballett, Musikunterricht … Die Eltern können stolz sein auf die Möglichkeiten, die sie ihrem Kind bieten. Und die Freude ist denn auch um so größer, wenn dabei etwas »herauskommt«. Das wiederum motiviert die Kinder. Oft führt jedoch solch gutgemeinte Talentförderung zur Überforderung. Hohe Erwartungen der Eltern, der Leistungsdruck in der Schule, im Sportverein und schließlich auch noch durch den Musiklehrer, der tägliches und regelmäßiges Üben fordert, können Folgen haben.

So haben unlängst wieder einmal Untersuchungen der »Landeszentrale für Gesundheitsbildung in Bayern« ergeben, was wir ohnehin längst wissen. Kinder, die nach Ansicht ihrer Eltern ihre Talente durch Freizeitangebote optimal ausschöpfen, jedoch weder zur Ruhe noch zur Entspannung kommen, reagieren problematisch. Immer häufiger hat solche Verplanung Krankheiten zur Folge. Die Liste ist lang: Sie reicht von allgemeiner Nervosität und Konzentrationsschwäche, Kopfschmerzen, Bluthochdruck, allergischen Erkrankungen, Schwächung des Immunsystems bis zu Verhaltensstörungen. Es können sich Eß- und Schlafstörungen einstellen. Zeichen dafür, daß über dem ständigen Wach- und Aktiv-Sein das Spielen und Träumen, die lange Weile zu kurz kommt?

Wer Kinder beim Spielen beobachtet, weiß, daß sie die Fähigkeit haben, sich einer Sache ganz hinzugeben. In den Augenblick versunken vergessen sie die Zeit. Diese Fähigkeit gilt es zu erhalten. Loslassen und Entspannen als Gegenpol zu Anstrengung und Anspannung, Phantasieren als Ausgleich zur Konzentration, Spielen als notwendige Reaktion auf das Lernen müssen im täglichen Leben des Kindes ihren Platz haben.

Der Sinn dieses Buches kann und darf sich deswegen nicht darin erschöpfen, Ratschläge und Anregungen zu geben, die dazu angetan sind, Ihrem Kind die ohnehin knappe Zeit zum freien Spielen einseitig auch noch in musikalischer Hinsicht zu verplanen und einzuschränken. Wege zur Musik bedürfen auch der Muße. Ohne Raum für Phantasie und Träume, ohne Zeit zum plan-losen Nichtstun, verbraucht sich die kindliche Neugier und Freude am Spielen und Üben schnell. Wie soll ein Kind, das sich musikalische Fertigkeiten unter Druck aneignen muß, in Ruhe seine musikalischen Fähigkeiten entwickeln können? Druck erzeugt Gegendruck. Und dieser äußert sich entweder in offener Rebellion und Unlust nach außen oder als Über- und Dauerspannung nach innen. Vor allem das Letztere kann mit der Zeit zum Gesundheitsrisiko werden.

Ein etwa neunjähriges Mädchen hat dies so ausgedrückt: »Ich ent-lebe mich noch, wenn ich so wenig spielen kann!« Sinnvolle Musikerziehung darf den Spiel- und Lebensraum eines Kindes nicht einengen. Damit Musik bereichernd wirken kann, gilt es immer wieder Verplanungen aufzuspüren, ein kritisches Auge auf den nachmittäglichen »Fahrplan« zu werfen. Bietet er noch Zeit zum Atemholen?

In einer durchorganisierten Welt bekommt man Pausen nicht geschenkt. Es ist schwer, gegen den Strom zu schwimmen, kleine Fluchtmöglichkeiten aus der alltäglichen Hektik wahr-

zunehmen. Immer mehr Menschen entdecken jedoch, wie sehr sie Muße und Entspannung brauchen. Das, was Kindern im Spiel so selbstverständlich gelingt, muß von uns Erwachsenen oft wieder gelernt werden. In Kursen, die Volkshochschulen oder andere Institutionen allabendlich anbieten: Atemarbeit, Meditation, autogenes Training, Tiefenentspannung …

Aber wie und wo anfangen im Alltag mit Kindern? – Oft bringt es schon viel, wenn Eltern sich und ihren Kindern mehr Zeit »schenken« – und sei es ein Nachmittagskurs weniger. Falls das organisierte Vielerlei von zweck- und leistungsorientierten Aktivitäten ohnehin nicht mehr als ein hektischer Zeitvertreib geworden ist, bedeutet dieses Weniger ein Mehr. Ein Gewinn von Zeit und Muße, den Kinder zum Entdecken und Entwickeln ihrer eigentlichen Begabungen dringend brauchen. Geschenkte Zeit. Unverplante Zeit. Ein »silbernes Warteinweilchen«, wie es in einem alten Vers so schön heißt. In diesem Frei-raum können wieder Ideen, Wünsche und Pläne entstehen, die nach Verwirklichung drängen. Gerade die Musik lebt von diesem organischen Geschehen.

Freiräume brauchen jedoch besonderen Schutz, ähnlich dem kleinen Biotop, das wir zusammen mit Kindern im Garten anlegen. Hier haben Worte wie: »Hast du schon …«, »Trödle nicht …«, »Tu was Gescheites …«, »Üb lieber (lieber?) …«, »Träum nicht schon wieder …«, »Häng nicht so rum …« nichts zu suchen. Da herrscht kreatives Chaos, eine Wildnis, in der Blumen wachsen und Schmetterlinge sich wohlfühlen. Hier ist Stille möglich, in der man Vögel singen, Kinder schreien und das Gras wachsen hört. Hier erleben wir, wie sich Wege gehen und Spiele wie von selbst spielen.

Kinder können unsere Lehrer sein. In einem Fach, in dem es um nichts – und eigentlich um alles geht. Zumindest um das eine, sich Zeit zu nehmen und zu lassen. Anstatt sie zu vertreiben, entdecken wir das kostbare lange Weilchen. Wir entdecken den Augenblick, in dem es uns gelingt, in uns hineinzuhorchen, etwas nachklingen zu lassen und nachzudenken über das, was hinter den Dingen steckt. Was ist der Weg? – Er liegt vor deinen Füßen. So heißt es in einem japanischen Sinnspruch. Es wurde viel geschrieben und nachgedacht über Sinn und Ziel einer Erziehung durch und zur Musik. Ist sie nun nichts als ein anspruchsvoller Zeit-Vertreib – oder bietet sie unserem Kind die Chance, seine eigenen Lebensbedürfnisse horchend, singend, spielend und verweilend zu entdecken? Der Weg zum Sinn liegt vor unseren Augen und Ohren. Er braucht jedoch den Augenblick, das Hier und Jetzt. Immer wieder aufs neue.

Der Weg

Schwerer
der Weg zum
Ziel
das unerreichte

Schwerer
der Rückweg
ins ziellose
Hier

Rose Ausländer

156

Anhang

Bezugsadressen

Hersteller

- Fünftonflöte

Kunath-Flötenbau
Am Berg 7
36041 Fulda

- Streichpsalter und
- Kantele

Karl Riedel (Musikinstrumentenbau)
Gerberberg 10
84529 Tittmoning

- Trompete und
- Posaune (B/C)

Max und Heinrich Thein
Blechblasinstrumentenbauer
Stavenstr. 7
28195 Bremen

- Klarinette

Michael Paterson
Homberg

- Kinderschlagzeug

Firma Hohner

Alle Instrumente für Kinder im Anfangsunterricht spielbar.

Institutionen

Deutscher Tonkünstlerverband (VDMK) – Bundesgeschäftsstelle Landsbergerstr. 425 – 81241 München

Verband Deutscher Musikschulen (VDM) – Plittersdorferstr. 93 – 53173 Bonn

Deutsche Gesellschaft für Musiktherapie e.V. – Postfach 440550 – 12005 Berlin

Weitere Titel von und mit Dorothée Kreusch-Jacob

Der Bärendoktor hilft bestimmt! Allerlei Trostpflästerchen, Lesepillen und Lachpulver für Kinder, München: Ellermann 1992

Der fliegende Trommler. Märchen aus aller Welt erzählen vom Zauber der Musik, München: Ellermann 1990

Heut nacht steigt der Mond übers Dach. Geschichten, Gedichte und Lieder vor dem Schlafengehen, München: Ellermann, 3. Aufl. 1988

Da hüpft der Frosch den Berg hinauf. Allerlei Krabbelverse und Handspielereien, München: Ellermann, 3. Aufl. 1992; München: dtv, 2. Aufl. 1991 (= dtv junior 7988)

Ich bin das Händchen Übermut, München: Ellermann 1989

Ich schenk dir einen Regenbogen, Düsseldorf: Patmos 1993. Lieder-Gesamtausgabe

Lieder von der Natur. Wiese, Wasser, Wald und Himmel in Liedern, Gedichten und Rätseln, Ravensburg: Ravensburger, 3. Aufl. 1993

Das Liedmobil. 77 Spiel- und Spaßlieder, Wach- und Traumlieder, München: Ellermann, 4. Aufl. 1991; München: dtv, 6. Aufl. 1991 (= dtv junior 70016); Basel/Kassel: Bärenreiter 1985

Das Musikbuch für Kinder, Ravensburg: Ravensburger 1992

Rosen, Tulpen, Kieselstein – komm, wir wollen Freunde sein. Vom Liebhaben, Wünschen und Festefeiern, München: Ellermann 1989

Tanzlieder, Ravensburg: Ravensburger, 2. Aufl. 1991

Weihnachtsnüsse ess ich gern. Geschichten, Gedichte und Lieder zur Winters- und Weihnachtszeit, München: Ellermann 1984; München/Basel/Kassel: dtv/Bärenreiter, 6. Aufl. 1992 (= dtv junior 7982)

Zauberbühne Oper. Was Kinder vor und hinter den Kulissen erleben, München: dtv 1988 (= dtv junior 79509)

10 kleine Musikanten. Bilderbuch, München: Ellermann, veränd. Aufl. 1992

Schallplatten/Kassetten/CDs

Der Bärendoktor (= »pläne« im Patmos Verlag, Düsseldorf)

Heut nacht steigt der Mond übers Dach (= Deutsche Grammophon junior, Hamburg)

Der LiederRegenbogen (= »pläne« im Patmos Verlag, Düsseldorf)

Lieder von der Natur (= »pläne« im Patmos Verlag, Düsseldorf)

Das Liedmobil (= »Spiel- und Spaßlieder«, Deutsche Grammophon junior, Hamburg)

Das Liedmobil (= »Wach- und Traumlieder«, Deutsche Grammophon junior, Hamburg)

Rosen, Tulpen, Kieselstein (= »pläne« im Patmos Verlag, Düsseldorf)

Tanzlieder (= »pläne« im Patmos Verlag, Düsseldorf)

Kinder entdecken Komponisten

Johann Sebastian Bach: *Von Tastenrittern und Klavierhusaren – oder wer hat Angst vor der Fuge?* (= Deutsche Grammophon junior, Hamburg)

Ludwig van Beethoven: *Die Wut auf den verlorenen Groschen – oder warum die Hühner ihre Eier verlegen* (= Deutsche Grammophon junior, Hamburg)

Wolfgang Amadeus Mozart: *Glockenspiel und Zauberflöte – oder warum die Mohren tanzen mußten* (= Deutsche Grammophon junior, Hamburg)

Verwendete Literatur

Biesenbender, Volker: Von der unerträglichen Leichtigkeit des Instrumentalspiels, Musikedition Nepomuk, Aarau 1992

Boucourechliev, André: Robert Schumann (rororo monographien), Rowohlt Verlag, Reinbek 1958

Decker-Voigt, Hans-Helmut: Aus der Seele gespielt. Eine Einführung in die Musiktherapie, Goldmann Verlag, München 1991

Feldenkrais, Moshé: Bewußtheit durch Bewegung, Suhrkamp Verlag, Frankfurt 1978

Gardner, Howard: Abschied vom I.Q., Klett Cotta, Stuttgart 1991

Jacoby, Heinrich: Jenseits von ›Musikalisch‹ und ›Unmusikalisch‹, Christians Verlag, Hamburg 1984

Komma, Karl Michael: Hinführung, Menschenbildung - ohne Dressur. 10 Thesen zur Musikerziehung, in: Neue Musikzeitung, Heft 3/91, Gustav Bosse Verlag, Regensburg

Kükelhaus, Hugo: Fassen, Fühlen, Bilden. Organerfahrungen im Umgang mit Phänomenen, Gaia Verlag, Köln, 6. Aufl. 1989

Meister-Vitale, Barbara: Lernen kann phantastisch sein, Synchron Verlag, Berlin 1987

Morgenstern, Christian: Hundert Gedichte, Verlag Neues Leben, Berlin 1990

Neuhaus, Heinrich: Die Kunst des Klavierspiels, Hans Gerig Verlag, Bergisch Gladbach 1967

Regner, Hermann: Musik lieben lernen. Schott/Piper, München 1988

Rubinstein, Arthur: Erinnerungen. Die frühen Jahre, Frankfurt/M., 10. Aufl. 1992

Schneider, Francis: Üben – was ist das eigentlich? Musikedition Nepomuk, Aarau 1992

Schönberg, Arnold: Schöpferische Konfessionen, Arche Verlag, Zürich 1964

Quellenverzeichnis

Ausländer, Rose: Der Traum hat offene Augen. Gedichte, Fischer Taschenbuch Verlag, Frankfurt/M. 1987: S. 156

© *Baumann, Elisabeth,* Murnau: S. 8, 77

© *Hofbauer, Friedl,* Wien: S. 65

Kreusch-Jacob, Dorothée: Da hüpft der Frosch den Berg hinauf, Ellermann Verlag, München, 3. Aufl. 1992: S. 22, 27

– Heut nacht steigt der Mond übers Dach, Ellermann Verlag, München, 3. Aufl. 1988: S. 40

– Weihnachtsnüsse ess ich gern, Ellermann Verlag, München 1984: S. 50

Staatliche Fotothek, Dresden: S. 89